AMV

Percy A. Scholes

Abc des Musikhörens

Einführung zu besserem Verstehen
Mit 9 Fotografien

Albert Müller Verlag
Rüschlikon-Zürich · Stuttgart · Wien

Abbildungen der Seiten 78, 82, 84 und Umschlag:
Klaus Hennch, Zürich

Aus dem Englischen übersetzt von Else Winter. Titel des englischen Originals: «The Listener's Guide to Music», erschienen bei Oxford University Press, London, Oxford, New York.
ISBN 3 275 00630 4. - 1/4-76. - Printed in Switzerland.

Inhalt

1 Einige einfache musikalische Begriffe

Bevor man von Musik im einzelnen reden kann, müssen einige Grundbegriffe klar sein. Soll dieses kleine Buch seinen Zweck voll erfüllen, muß es von der Voraussetzung ausgehen, daß mancher seiner Leser so gut wie nichts von Musik weiß. Die Namen der Noten sind ihm vielleicht fremd, der Begriff ‹Tonart› ist ihm neu, die ‹Taktvorzeichnungen› und die mit ihnen gegebenen rhythmischen Kombinationen sagen ihm nichts. Es ist jedoch unmöglich, eine musikalische Form, den Aufbau eines Musikstücks, zu erklären, ohne die Namen der Noten, der Tonarten und der Taktarten zu nennen. Deshalb ist es nötig, dem Leser zunächst ein Kapitel vorzusetzen, in dem all dies und noch anderes aus der Musiktechnik erklärt wird. Mag's auch trocken sein – es ist notwendig, und wir werden es so kurz wie möglich halten.

Die Noten

Die Laute der Natur bewegen sich – wie man üblicherweise sagt – von der ‹Tiefe› zur ‹Höhe›, und zwar in einer sanft ansteigenden Linie. Wenn ein Hund heult, eine Katze miaut oder eine Kuh muht, bedienen sie sich nur eines Abschnitts dieser Linie: vom tiefsten bis zum höchsten Ton, und umgekehrt, dessen ihre Stimmbänder fähig sind. Vögel bewegen sich nicht leise fort wie Katzen, sondern sie hüpfen, und so klingt auch ihr Gesang nicht in jenem sanften Bogen, sondern eilt von Punkt zu Punkt. Mit anderen Worten, die Vögel benützen einzelne Töne - wie es auch die Menschen tun. Die Vögel und die Menschen sind die beiden einzigen wirklich musikalischen Familien unter den Geschöpfen dieser Erde.

Tonleitern und Tonarten

Ein Vogel erbt von seinen Vorfahren die Gabe zu einer kleinen Zusammenstellung von Tönen und gibt sich damit zufrieden, diese Kombination unermüdlich zu wiederholen, solange er lebt. Der Mensch hingegen erfindet dauernd neue Kombinationen von Tönen, in unendlicher Vielfalt; dazu braucht er eine Arbeitsmethode. Er setzt eine bestimmte Reihe von Tönen fest, die zueinander in einer besonderen Beziehung stehen, und macht daraus seine Melodien. Eine solche Tonreihe nennt man ‹Tonleiter›; auch die aus dem Italienischen übernommene Bezeichnung ‹Skala› kann man häufig lesen. Die Tonleiter ist gewissermaßen das Regiment der Töne in einer Melodie, zum Abzählen und zur Parade aufgezogen.
Man hat als akustische Tatsache festgestellt, daß derselbe Ton in höheren und tieferen Lagen wiederkehrt (und zwar sagt man: er liegt ‹eine Oktave› höher oder tiefer), so daß die ganze lange Treppe der Töne in eine Anzahl kurzer Absätze unterteilt ist, und diese stellen die Maß-Einheiten der Musik dar.
In der traditionellen europäischen und amerikanischen Musik ist jede dieser Maß-Einheiten in zwölf gleiche Teile geteilt. Sieben davon (*acht,* wenn man den höher oder tiefer wiederkehrenden Grundton mitrechnet: daher die Bezeichnung *Oktave*) dienen als Hauptnoten, während die übrigen als ‹Wechsel-› oder ‹Durchgangsnoten› bezeichnet werden. Diese sieben Hauptnoten können aus den zwölf Noten innerhalb einer Ok-

tave nach zwei Systemen ausgewählt werden: Aus dem einen ergeben sich die Dur-Tonleitern, aus dem anderen die Moll-Tonleitern.

Die zwölf Noten sind voneinander durch ‹Intervalle› getrennt, die wir ‹Halbtöne› oder ‹Halbschritte› nennen. Auf der Tastatur eines Klaviers sind alle aneinander grenzenden Töne einen Halbton voneinander entfernt; jeder Ton ist von seinem übernächsten einen Ganzton entfernt - ob es weiße oder schwarze Tasten sind, spielt dabei keine Rolle, sie sind alle gleichwertig.

Auf jedem der zwölf Töne kann man - als Grundton einer ‹Tonart› - eine Dur-Tonleiter oder eine Moll-Tonleiter aufbauen - nach Muster der folgenden Diagramme.

Die Dur-Tonleiter führt folgendermaßen aufwärts (1 = Ganzton; $\frac{1}{2}$ = Halbton):

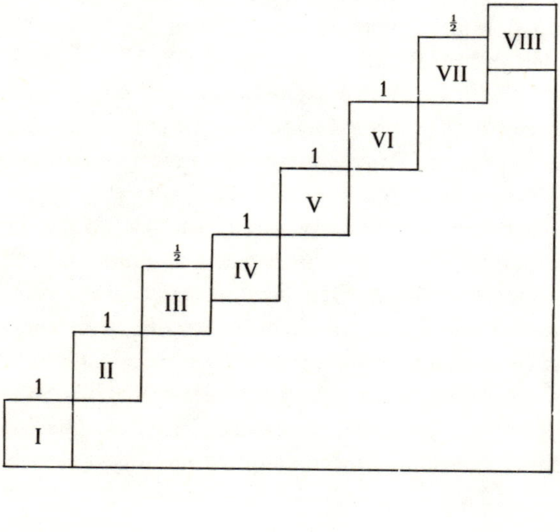

Die Moll-Tonleiter führt folgendermaßen aufwärts:

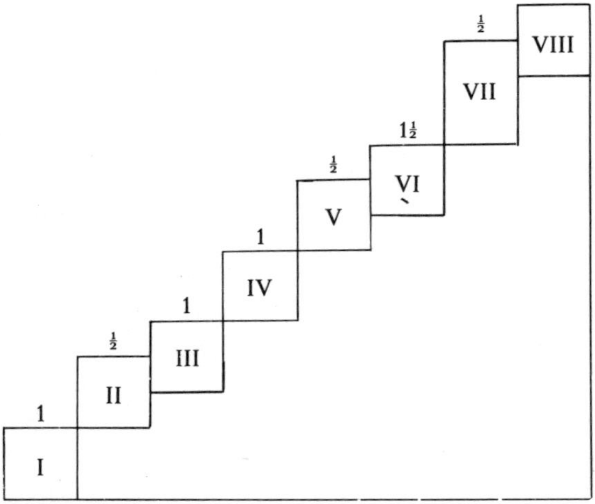

Bei der Moll-Tonleiter gibt es zwischen den Stufen V bis VIII noch andere Varianten, die wir aber hier für unsere Zwecke nicht erklären müssen.

Der wesentliche Unterschied zwischen der Dur- und der Moll-Tonleiter besteht darin, daß im unteren Teil die Halbschritte bei der Dur-Tonleiter zwischen III und IV und bei der Moll-Skala zwischen II und III liegen. Wenn man auf dem Klavier nach dem Muster der Diagramme von irgendeinem Ton aus einige Dur- und Moll-Tonleitern spielt, wird man die große Verschiedenheit der beiden Tonarten spüren und hören.
Die einzelnen Noten haben ihre Namen, und zwar heißen sie, die weißen Tasten bezeichnend und unten auf der Klaviatur beginnend: A – H – C – D – E – F – G. In der Notenschrift wird der nächsthöhere Ton mit einem ‹Kreuz› (♯) bezeichnet, der

nächsttiefere mit einem ‹B› (♭). Ein Blick auf die Klaviatur zeigt, daß die meisten ‹Kreuze› oder ‹B's› auf schwarze Tasten fallen, mit Ausnahme des erhöhten ‹H›, das auf die weiße Taste ‹C› fällt, und des erhöhten ‹E›, das auf die weiße Taste ‹F› fällt. Umgekehrt fällt der nächsttiefere Ton von ‹C› auf die Taste ‹H› und von ‹F› auf die Taste ‹E›, also wieder auf weiße Tasten. Durch das vorgezeichnete ‹Kreuz› wird jede Note um einen halben Ton erhöht und bekommt ‹is› angehängt, durch das vorgezeichnete ‹B› um einen halben Ton erniedrigt und bekommt ‹es› angehängt. ‹C› mit einem Kreuz davor heißt also ‹Cis›, mit einem ‹B› davor heißt es ‹Ces›. Da jede Note sowohl eine erhöhte der vorangehenden als auch eine erniedrigte der nachfolgenden Note sein kann, wird sie auf verschiedene Art benannt; es hängt davon ab, in welcher Tonart sie vorkommt: Ein ‹Cis› kann auch ‹Des› heißen, ein ‹Dis› auch ‹Es›, und so weiter.

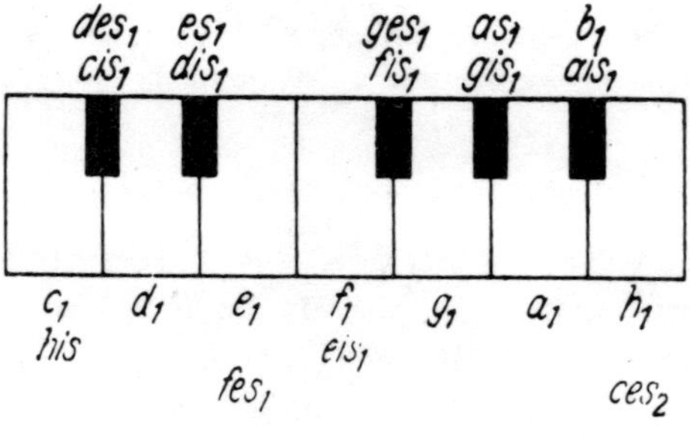

Soweit sollte unsere Erklärung genügen, dem Leser, der nichts von einem ‹Tonsystem› wußte, verständlich zu machen, was mit Ausdrücken wie C-Dur oder d-Moll, Gis oder Des gemeint ist, oder daß ein Musikstück in C-Dur ein Stück ist, in dem hauptsächlich die Töne der C-Dur-Tonleiter verwendet sind, also der Dur-Tonleiter, die mit ‹C› beginnt, und so fort.

Modulation

Fast kein Musikstück, sei es noch so klein, bleibt durchwegs in einer einzigen Tonart. Sogar die einfachsten Kirchenchorgesänge zu den Texten der Psalmen mit kaum mehr als zehn Noten gehen gewöhnlich auf halbem Weg in eine andere Tonart über - das heißt irgendein ‹Kreuz› oder ‹B› wird einer der Noten vorgezeichnet und damit die ursprüngliche Tonart verändert. Diese Änderung nennen wir eine Modulation.
Jedoch eine Modulation oder auch eine Reihe von Modulationen ist nur eine Episode, ein vorübergehendes, wenn auch noch so ausgedehntes Ereignis; die Komposition kehrt, bevor sie zu Ende geht, in ihre ‹Grundtonart› zurück, und diese empfindet man als *die* Tonart des Stückes.
Von jeder Tonart aus kann man in jede andere Tonart übergehen. Doch gibt es bestimmte näher verwandte Tonarten: zwischen ihnen ist es leichter und natürlicher zu modulieren. Man bezeichnet sie auch als ‹verwandte Tonarten›, und in einem kurzen Stück ist es wahrscheinlich, daß von der Haupttonart in nahe verwandte Tonarten moduliert wird. Zum Beispiel ist es leichter, von C-Dur nach G-Dur zu modulieren - diese beiden Tonarten sind nahe verwandt - als etwa von C-Dur nach b-Moll.

Rhythmus und Takt

Das ganze Weltall bewegt sich in Rhythmen. Die Sonne geht auf und unter, die Jahreszeiten kommen und gehen, Ebbe und Flut wechseln, Blumen blühen und sterben, die Herzen der Lebewesen schlagen. Pferde bewegen sich in bestimmten Gangarten, für die wir Namen haben. Gedichte werden in Rhythmen geschrieben und vorgetragen. In der Zeile eines Gedichts erkennen wir regelmäßige Hebungen und Senkungen und wiederkehrende Akzente – all dies ist auch in der Musik vorhanden. Diese Akzente teilen die Zeile eines Gedichts oder eine musikalische Phrase in rhythmische Einheiten. Sowohl in der Poesie als auch in der Musik kann man in jeder Einheit zwei oder drei Schläge spüren. Scheint eine musikalische Phrase in jedem Takt vier Schläge zu haben, wird man herausfinden, daß es in Wirklichkeit je zwei Einheiten zu zwei Schlägen sind, die zusammen die größere Gruppe von vier Schlägen bilden. Ebenso gliedern sich sechs Schläge in zweimal drei oder dreimal zwei Schläge und zwölf Schläge in vier Gruppen zu drei Schlägen.

Der Leser versteht nun, was die ‹Taktvorzeichnungen›, die in einem Konzertprogramm vor einem Musikstück stehen, bedeuten. Die Taktvorzeichnung ‹3/4› heißt, daß eine Takteinheit drei Schläge hat; es kann auch ‹3/8› vor einem Stück stehen – für den Zuhörer bleiben es drei Schläge in einem Takt. Ein 2/4 Takt hat zwei Schläge, ein 6/8 Takt hat zwei Gruppen zu drei Schlägen, und so fort.

Innerhalb jedes Takts gibt es häufig noch kleinere Kombinationen, nämlich Gruppen von Achtel-, Sechzehntelnoten, halben oder ‹punktierten Noten› (mit einem Punkt neben dem Notenkopf wird der Notenwert um die Hälfte verlängert), und so fort. So wird man also in einem Musikstück eine unendliche Vielfalt von Kombinationen langer und kurzer Noten hören, hinter diesen sich verschiebenden Notenrhythmen aber wird man das regelmäßige rhythmische Pulsieren der Schläge und Takte spüren.

Ein anderer Teil des rhythmischen Systems in der Musik besteht im Gebrauch von ‹Phrasen› und ‹Sätzen›. Außer den sich verschiebenden Rhythmen kurzer und langer Noten und außer den regelmäßigen Rhythmen der Schläge und Takte hört man in jeder Melodie gleichmäßige oder ungefähr gleichmäßige Phrasen, die zum Beispiel aus zwei oder vier Takten bestehen. So etwa steht das bekannte Wanderlied «Das Wandern ist des Müllers Lust» im Zweivierteltakt, und jeder Takt besteht aus zwei Schlägen, doch teilt man die Takte außerdem in folgende Gruppen ein:

1. Satz

	Auftakt	*1. Takt*	*2. Takt*
1. Phrase	Das	/ Wandern ist des	/ Müllers Lust, das /
		1. Takt	*2. Takt*
2. Phrase		/ Wandern ist des	/ Müllers Lust, das /
		1. Takt	*2. Takt*
3. Phrase		/ Wa – an	/ dern. (1 Viertelpause und Auftakt zum nächsten Satz.)

2. Satz

	[Auftakt]	*1. Takt*	*2. Takt*
1. Phrase	Das	/ muß ein schle-ech-te-er	/ Müller sein, dem /
		1. Takt	*2. Takt*
2. Phrase		/ niemals fie-iel da-as	/ Wandern ein, dem /
		1. Takt	*2. Takt*
3. Phrase		/ niemals fiel das	/ Wandern ein, das /
		1. Takt	*2. Takt*
4. Phrase		/ Wa - an	/ dern. (1 Achtelpause, 1 Viertelpause.)

Wir haben hier 3 Zweitaktphrasen, beginnend mit einem Auftakt, die zusammen einen Satz bilden, gefolgt von 4 Zweitaktphrasen mit einem Auftakt, die zusammen wieder einen Satz bilden. (Das Wort ‹Satz› hat, wie wir später sehen werden, in der Musiksprache mehrfache Bedeutung. Hier bezeichnet es die Strophe eines Lieds.)

Sehen wir uns auch die Notenwerte der beiden Sätze an:

1. Satz

1. Phrase:
   Auftakt (1 Achtelnote)
   1. Takt: 1 punktierte Achtelnote, 1 Sechzehntelnote, 2 Achtelnoten
   2. Takt: 1 punktierte Achtelnote, 1 Sechzehntelnote, 2 Achtelnoten
2. Phrase:
   1. Takt: 1 punktierte Achtelnote, 1 Sechzehntelnote, 2 Achtelnoten
   2. Takt: 1 punktierte Achtelnote, 1 Sechzehntelnote, 2 Achtelnoten
3. Phrase:
   1. Takt: 2 Viertelnoten
   2. Takt: 1 Achtelnote, 1 Viertelpause, 1 Achtelnote, gleichzeitig Auftakt zum nächsten Satz.

2. Satz

1. Phrase:
   Auftakt (1 Achtelnote; gehört zum letzten Takt von Phrase 3 des 1. Satzes)
   1. Takt: 2 Achtelnoten, 4 Sechzehntelnoten
   2. Takt: 4 Achtelnoten
2. Phrase:
   1. Takt: 2 Achtelnoten, 4 Sechzehntelnoten
   2. Takt: 4 Achtelnoten
3. Phrase:
   1. Takt: 4 Achtelnoten
   2. Takt: 1 punktierte Achtelnote, 1 Sechzehntelnote, 2 Achtelnoten
4. Phrase:
   1. Takt: 2 Viertelnoten
   2. Takt: 1 Achtelnote, 1 Achtelpause, 1 Viertelpause.

Nun hat der Leser auch erfahren, was die Worte ‹Schlag›, ‹Takt›, ‹Auftakt›, ‹Phrase› und ‹Satz› bedeuten, und daß eine ‹punktierte› halbe Note um ein Viertel, eine punktierte Viertelnote um ein Achtel, eine punktierte Achtelnote um ein Sechzehntel, und so fort, länger ausgehalten wird.

Melodie, Harmonie und Kontrapunkt

Die dichterische wie auch die Umgangssprache verwenden oft die Wörter ‹Melodie› und ‹Harmonie› gleicherweise im Sinn von angenehmem Klang, Wohlklang.
In der Musik hat aber jedes dieser Wörter eine andere Bedeutung. Während eine Melodie eine einfache Reihe von Tönen ist, wie man sie singen oder pfeifen kann, versteht man unter einer Harmonie eine Kombination, einen Zusammenklang von Tönen, wie man ihn beispielsweise mit beiden Händen zugleich auf dem Klavier erzeugen kann. Mehrere gleichzeitig gesungene oder von Instrumenten gespielte Töne nennt man ‹Akkorde›. Wenn man «Das Wandern ist des Müllers Lust» allein singt, stimmt man eine Melodie an, setzt man sich aber ans Klavier und begleitet sich mit Akkorden, erzeugt man außerdem Harmonien. Doch weder eine Melodie noch eine Harmonie bedeutet unbedingt etwas Wohlklingendes: Nichtssagende Melodien und schlechte Harmonien gibt's nur allzu viele. Dazu werden in Melodik und Harmonik dauernd neue Stile eingeführt, die vielen Leuten zunächst einmal nicht gefallen.
‹Kontrapunkt› nennt man die Kunst, gegen eine gegebene Melodie eine oder mehrere selbständige Melodien zu erfinden und alle zu einem harmonischen Ganzen zu vereinen. Der Kontrapunkt gehört zu den wichtigsten Prinzipien der Kompositionslehre und ist bestimmten Gesetzen unterworfen. Der Name stammt aus dem Lateinischen («Contrapunctus») und ist im Mittelalter zur damals gerade erfundenen Notenschrift entstanden. Man setzte ‹punctum› (die Note) einer Melodie ‹contra› (gegen) die Note (punctum) einer andern Melodie. Da auf diese Weise mehrere Melodien oder Stimmen zusammenklingen, entstehen Akkorde, und aus einer Reihe von Akkorden entsteht eine ‹Harmonie›.

Im Zusammenhang mit der Kompositionstechnik werden wir auch das Adjektiv ‹kontrapunktisch› öfter hören. «Das Wandern ist des Müllers Lust», von einer Stimme allein gesungen, ist ‹melodisch›; mehrstimmig gesungen oder mit Instrumentalbegleitung ist es auch ‹harmonisch›, und werden zu seiner bestehenden Melodie verschiedene ‹Gegenstimmen› gesungen oder gespielt, dann ist es zudem ‹kontrapunktisch›.

Die Form

Die musikalischen Formen, d.h. bestimmte Grundprinzipien musikalischer Gestaltung – die Beziehungen der einzelnen Teile einer Komposition zu einander und zum Ganzen – werden in den Kapiteln 6–10 erklärt.

Opus

Das Wort ‹Opus› stammt aus dem Lateinischen und bedeutet: Werk. Man liest es fast stets in der abgekürzten Form ‹Op.›, verbunden mit einer Zahl, in den Konzertprogrammen, auf Schallplattenhüllen usw.
Werke von Komponisten sogenannter ernster Musik werden im allgemeinen in der Reihenfolge ihres Entstehens numeriert: Op. 1, Op. 2 usw. Häufig werden mehrere Musikstücke zusammengefaßt, und dann heißt es: Op. I. No. 1, No. 2, No. 3 usw.; Opus II. No. 1, No. 2 usw. Es ist immer wertvoll, die Opusnummer eines Werks zu beachten, weil man daraus ersehen kann, ob es sich um ein frühes oder spätes Werk des Komponisten handelt. Beim Anhören eines Op. 5 wird man vielleicht nachsichtiger urteilen als bei einem Op. 50 oder 100, denn spätere

Werke sollten schärferer Kritik standhalten können als Frühwerke der meisten Komponisten. Allerdings kommt es auch vor, daß die Meister (oder auch ihre Verleger) die einzelnen Kompositionen nicht immer in der Reihenfolge ihres Entstehens numerieren, wodurch Verwirrung entstehen kann. Und einigermaßen zuverlässig eingebürgert hat sich die Opus-Numerierung erst zu Beginn des 19. Jahrhunderts.

Werden in einem Konzert Werke von Wolfgang Amadeus Mozart aufgeführt, dann finden wir im Programm neben dem Titel des Werks anstatt der Abkürzung ‹Op.› unweigerlich die Abkürzung KV mit einer entsprechenden Nummer. KV ist die Abkürzung für ‹Köchel-Verzeichnis› und bezieht sich auf den berühmt gewordenen chronologisch-thematischen Katalog der Werke Mozarts, den der bekannte Mozartforscher Ludwig Ritter von Köchel (1800–1877) zusammengestellt hat. Nach diesem Katalog wurden sämtliche Kompositionen Mozarts numeriert.

Die Angaben von Opus- und KV-Nummern in den Konzertprogrammen wird vom Publikum allgemein mit der Aufführung sogenannter klassischer Musik in Zusammenhang gebracht. Alltägliche Gebrauchsmusik wird von ihren Urhebern nur selten numeriert. Der Autor dieses Buches hörte einmal, wie sich jemand über ein Musikprogramm äußerte: «Keine klassische Musik, alles gut und volkstümlich – gar kein Opus!»

2 Was der Zuhörer wirklich wissen muß

Wieviel musikalisches Wissen es gibt, das dem laienhaften Musikfreund, unserem Musikhörer, nicht viel nützt oder ihm doch nur sehr indirekt helfen kann!
Nehmen wir an, daß ein eifriger, aber unwissender Musikfreund sich nach Literatur umsieht, die er studieren könnte. Er findet vielleicht ein Buch über «Die Grundlagen der Musiklehre», arbeitet es durch, nur um sich klar zu werden, daß er von diesen Grundlagen nicht viel, sondern bloß etwas über einzelne musikalische Bezeichnungen erfahren hat.
Er braucht noch etwas anderes, erkundigt sich und erfährt, daß sich manche Leute anhand einer «Harmonielehre» weiterbilden. Er verschafft sich ein Lehrbuch, nimmt vielleicht auch bei einem Lehrer Unterricht und bringt es nach diesem Studium so weit, daß er imstande ist, Akkorde zusammenzustellen oder sogar eine einfache Melodie niederzuschreiben. Im Zuhören, im verstehenden Musikhören, jedoch ist er kaum erfahrener als vorher. Zeigt man ihm den Klavierauszug einer Symphonie, weiß er, wie die Akkorde heißen, und kann sogar die Harmonien analysieren, wenn er aber die Symphonie im Konzert hört, nützen ihm seine neu erworbenen Kenntnisse nur wenig. Er hört etwas von ‹Kontrapunkt› und versucht, sich auch mit diesem Thema zu beschäftigen. Nach monatelanger Arbeit kann er eine kleine Übung schreiben, bei der er die Kirchenmusiktechnik des 16. Jahrhunderts anwendet. Doch seine Fähigkeit, zuzuhören, wirklich zu hören, ist kaum besser geworden. Unser armer Freund hat einfach die Grundelemente erlernt, die

ein Komponist (der er ja nie sein wird) braucht, aber er hat versäumt, sich das notwendige Grundwissen für einen verständnisvollen Zuhörer (der er doch sein möchte) anzueignen.

Mit welchen Themen also sollte sich unser Musikfreund, der Musik nicht nur anhören, sondern sie verständnisvoll genießen möchte, beschäftigen? Es sind hauptsächlich drei: die ‹Formenlehre›, ein wenig ‹Musikgeschichte›, und auch von ‹Instrumentenkunde› sollte er eine Ahnung bekommen. Die üblichen ‹Lehrbücher› sind aber meistens ungeeignet, ihm die für ihn nützlichen Kenntnisse zu vermitteln. Ein Lehrbuch der Formenlehre geht in mehr Details, als er zu wissen braucht, eines der Musikgeschichte liefert ihm mehr Daten und Namen, als er sich je merken kann, und ein Lehrbuch der Instrumentation setzt voraus, daß er Dirigieren oder Komponieren als Beruf ergreifen will.

Dem nicht ausgebildeten Musikhörer hingegen wird es nützlich sein zu wissen, wie ein Musikstück aufgebaut ist, etwas über die Zeit zu erfahren, in der es entstanden ist, welche Entwicklungsperiode in der Musik es repräsentiert, und auch ein wenig über die Persönlichkeit des Komponisten unterrichtet zu sein. Wenn es sich um ein Orchesterwerk handelt, wird das Zuhören für jeden, der die einzelnen Instrumente kennt, besonders interessant.

Ist sich der Zuhörer über die Form eines Musikstücks im klaren, wird ihm das helfen, die einzelnen ‹Themen› darin zu unterscheiden; sobald er erfaßt, daß das Stück bestimmte ‹Motive› enthält, er diese heraushört und er verfolgen kann, wie sie verwendet werden, ist sein Wahrnehmungsvermögen umgewandelt. Was vorher ein verworrenes Netz von Tönen war, wird nun zu einer deutlichen Anordnung bestimmter ‹Melodien› – und jedermann schätzt doch eine Melodie! Die Beziehungen der einzelnen Teile zu einander und zum Ganzen sind für ihn, den lauschenden Zuhörer, nun erkennbar. Der Aufbau des Stücks wird ihm bewußt.

Die Fähigkeit, Klangqualitäten der verschiedenen Instrumente zu unterscheiden, im einzelnen und im Zusammenspiel, ermöglicht es ihm jetzt, tonale Unterschiede zu hören, was ihm früher nicht gelungen wäre. Er erkennt das kleine Thema, das abwechselnd von der helltönenden Flöte, dann von der dunkler gefärbten Klarinette und von der schlankstimmigen, prickelnden Oboe übernommen wird. Er staunt über die vielfältige Wirkung des großen Klangkörpers der Geigen, die bald zart, bald mächtig, bald leise, bald laut spielen, bald mit gestrichenen, bald mit gezupften Saiten, bald mit und bald ohne Dämpfer erklingen. Er bewundert den warmen Klang der Hörner, wenn sie langsame Akkorde blasen, und er kann die verschiedenen Klangfarben im ganzen Stück nun wahrnehmen.

Wenn der Komponist für den Zuhörer nicht ein bloßer Name ist, bekommt er für ihn viel größere Bedeutung. Die Freuden und Leiden, die das Leben des Tondichters geformt haben, werden dem Zuhörer bewußt, und die Komposition stellt nicht mehr nur eine Glanzleistung technischer Vollendung dar, sondern wird ein menschliches Dokument, ein Mittel persönlicher Aussage. Daß das Werk zu einer bestimmten Zeit, in einem bestimmten Land entstanden ist, legt dem Hörer nahe, es als Kunstform einer Nation und eines Zeitabschnitts zu betrachten. Er weiß, welcher nationalen ‹Schule› in der Entwicklungsgeschichte der Musik ein Meister angehört hat, und deshalb wird er nicht etwas suchen, was unmöglich vorhanden sein kann – etwa eine Gefühlsrichtung, die einem späteren Jahrhundert angehört, oder den Kompositionsstil einer andern ‹Schule›.

Deshalb sind diese drei Elemente so nützlich: etwas von der musikalischen Form, etwas von der Geschichte der Musik sowie von der Biographie der Komponisten zu wissen und die gebräuchlichen Instrumente ungefähr zu kennen. Ein Mensch unserer Tage, hart eingespannt in die tägliche Arbeit, wird sich im allgemeinen wohl kaum größere musikalische Fachkenntnisse aneignen können. Immerhin hat er heute durch Radio, Fernsehen, Schallplatten und Bandrecorder - ganz abgesehen von Opern- und Konzertveranstaltungen - eine solche Fülle von Gelegenheiten, Musik zu hören: sich im Zuhören zu üben, wie zu keiner früheren Zeit. Und auch die Musikgeschichte und das Leben der großen Musiker werden ihm in Büchern, Radio- und Fernseh-Sendungen so lebendig nahegebracht, daß der interessierte Musikfreund sich auf die unterhaltendste Weise ein weites Wissen aneignen kann.

3 Der Komponist an der Arbeit

Verständnisvolles Zuhören kann gefördert werden, wenn man ein wenig über die Probleme des Komponierens nachdenkt. Es ist eine Binsenwahrheit festzustellen, ein Musikstück sei dazu geschrieben, um gehört zu werden. Vom Komponisten her ist es ein persönliches Ausdrucksmittel, aber er drückt sich jemand anderem gegenüber aus, nämlich einer Zuhörerschaft, oder vielen Zuhörerschaften, die sein Werk viele Male und an vielen Orten hören werden, möglicherweise während vieler Jahrhunderte. Der Komponist muß deshalb nicht nur seinem Selbst Ausdruck geben, sondern er muß es auch auf verständliche Weise tun. Er muß sich sogar deutlich verständlich machen, und nicht bloß dies, er muß auch die Gefühle seiner Zuhörer ansprechen. Auch eine gute Predigt ist vermutlich eine Art des Selbstbekenntnisses, doch eben: dieses Bekenntnis ist an den Geist und die Herzen einer Gemeinde gerichtet. Weder ein Musikstück noch eine Predigt erfüllen ihren Zweck, wenn sie nur als Ventil des übervollen Gehirns oder Herzens ihres Verfassers dienen. In beiden Fällen darf es sich nicht um einen bloßen Erguß von Gedanken und Gefühlen handeln – es muß immer ein Entwurf vorhanden sein, der entstanden ist, um eine bestimmte Wirkung auszuüben.

Der Ausdruck ‹Entwurf› befremdet vielleicht manchen harmlosen Leser. Denn, so merkwürdig es scheint, es gibt zahlreiche Menschen, die das Wort ‹Inspiration› mißverstehen und annehmen, der Komponist sei nur eine Art Kanal, ein Blitzableiter, durch den der vom Himmel kommende elektrische Strom in die Herzen der Zuhörer fließt. Würden diese Menschen einen Komponisten bei der Arbeit bildlich darstellen, sähe es ungefähr so aus: ein Wesen mit wirrem Haar, das mit starrem Blick, an einem unordentlichen Schreibtisch voll Notenpapier sitzend, in fieberhafter Erregung die Gedanken niederschreibt, die ihm der Himmel sendet. Die ‹Inspiration› sickert durch den Äther in sein Gehirn, fließt brennend heiß durch seinen Arm hinunter in die Hand bis zu den Fingerspitzen und weiter in die Feder, von der sie in schwarzköpfigen Viertel- und Achtelnoten auf das Papier tropft. Mit einem Freudenschrei springt das Wesen auf - ein Meisterwerk ist geboren!

Oder die Leute sehen einen Menschen vor sich, der am Klavier rasend die Tasten bearbeitet und unvermittelt Töne, die ihm gerade einfallen, erzeugt, sich dann an seinen Schreibtisch setzt, um die wirbelnden Ströme seiner Eingebungen für die Ewigkeit aufzuzeichnen.

Nun, auf solche Art werden keine Symphonien geschaffen, ebensowenig wie Dramen, Bilder, Gedichte, Romane oder Kathedralen. Es muß wohl etwas wie Inspiration vorhanden sein, aber etwas, das man ‹Plan› nennt, ebenfalls. Manchem mißglückten Versuch, ein Kunstwerk zu schaffen, hat die Inspiration gefehlt, bei anderen war ein ungeeigneter Plan oder dessen untaugliche Ausführung die Ursache des Mißlingens. Alle genannten Kunstgebiete beruhen auf gleicher Grundlage, und um etwas über die Arbeitsmethoden eines Komponisten zu erfahren, vergleichen wir sie mit etwa denjenigen eines Poeten. Wir werden finden, daß das in Verzückung leuchtende Auge des Dichters eine ungenügende Ausrüstung ist und daß jeder Künstler dazu noch geistiger Vertiefung und Überlegung fähig sein muß, ebenso wie der Bereitschaft, die Mittel dem Zweck anzupassen.

Wieviel Inspiration nötig ist, um eine schnittige Segeljacht zu entwerfen, ist nicht erwiesen, aber sicher ist irgend etwas damit verbunden, das unter diesen Begriff einzustufen ist, neben

einem gehörigen Maß Überlegung, das heißt Berechnung. Wieviel Berechnung in der Komposition eines Gedichts oder einer Symphonie steckt, ist schwer zu bestimmen, aber etwas, das unter diese Bezeichnung fällt, ist gewiß auch hier - neben einem gut Teil Inspiration - vorhanden.
Unter denen, die den Vorhang ein wenig gehoben und uns einen Blick in die Werkstatt des Dichters erlaubt haben, kommt mir zuerst Edgar Allan Poe in den Sinn, der in seinem Essay «The Philosophy of Composition» (Die Philosophie der künstlerischen Schöpfung) sagt:
«Ich habe mir oft überlegt, wie interessant es wäre, wenn irgendein Autor in einem Aufsatz darlegen wollte - das heißt, darlegen könnte -, wie eine seiner Arbeiten, Schritt für Schritt, den letzten Grad der Vollendung erreicht hatte. Es entzieht sich meiner Kenntnis, warum eine solche Schrift der Welt noch nie beschieden wurde, aber vielleicht ist die Ursache dieser Unterlassung mehr als irgend etwas anderes die Eitelkeit der Autoren. Die meisten Schriftsteller, Dichter im besonderen, ziehen es vor, daß man annehme, ihre Werke entständen in einer Art subtiler Erregung, einer ekstatischen Intuition; sie würden gewiß davor zurückschrecken, dem Publikum einen Blick hinter die Kulissen zu gewähren: auf den verwirrten, schwankenden Zustand ihrer Gedanken - auf die Ungewißheit bis zum letzten Augenblick, ob ihre Absichten tatsächlich zum Ausdruck kommen - auf die zahllosen Einfälle der Phantasie, die nicht zur vollen Reife gelangten - auf die ausgereiften Ideen, die als nicht zu verwirklichen in Verzweiflung aufgegeben wurden - auf das ewige Wählen und Wiederverwerfen - auf die Einschiebungen und schmerzlichen Streichungen - mit anderen Worten: auf die Räder, Ketten, Flaschenzüge der Drehbühne mit ihren Leitern und Falltüren für die bösen Geister - auf die Anmerkungszeichen, auf die Korrekturen in roter

Tinte und schwarzer Tusche... was alles in allem in neunundneunzig von hundert Fällen das Wesen literarischen Geschehens ausmacht.»
Edgar Allen Poes Wunsch, es möchte sich doch ein Schriftsteller finden, der in einem Essay darlegen wollte, wie eine seiner Arbeiten den letzten Grad der Vollendung erreicht hatte, ist unterdessen in schönster Weise in Erfüllung gegangen. Noch dazu am Beispiel eines Romanes, dessen Held ein Komponist ist! Thomas Mann hat zu seinem Roman «Doktor Faustus. Das Leben des deutschen Tonsetzers Adrian Leverkühn, erzählt von einem Freunde» eine Art Werk- und Tagebuch geschrieben: «Zur Entstehung des Doktor Faustus». Welcher Musikfreund daran interessiert ist, das Werden eines Werkes bis in das letzte Geheimnis schöpferischen Schaffens zu erkennen, dem kann dieses Buch nicht warm genug empfohlen werden. Welchen Anteil die Eingebung, die Inspiration, hat, welcher Anteil der Gedankenarbeit, der Planung, der Materialsammlung zukommt - hier kann er es Wort für Wort lesen.
Nun war Poes wie Thomas Manns Denkweise ausgesprochen logisch und analytisch. Manche Arbeitsvorgänge, die sich bei ihnen bewußt abspielten, mögen bei anderen unbewußt ablaufen. Doch jeder erfolgreiche Dichter arbeitet nach einem bestimmten Gesetz, mehr oder weniger bewußt, und ein grundlegender Plan ist in jedem vollendeten Werk zu finden.
Es ist nicht schwer, in unseren Berichten über große Komponisten Parallelen zu Poes Schilderung der Arbeitsweise eines Dichters zu ziehen. Die ‹schmerzlichen Streichungen› zum Beispiel - wie gut waren sie Beethoven bekannt! Seine Inspiration kam ihm, wie auch Poe, als Geschenk von oben; als winziger Splitter, als Keim eines Einfalls bei Poe, als eine kleine Handvoll Noten bei Beethoven. Sogar dieses kleine Bruchstück war so unvollkommen, daß der Meister es im Geiste während Mo-

naten oder Jahren hin- und herwälzte, es formte und neu formte, es ausfeilte und vervollständigte, um manchmal nach langen Bemühungen, es zu verbessern, schließlich zur ersten Fassung zurückzukehren. Neben seinem Bett hatte er immer ein Skizzenbuch liegen, in dem er seine musikalischen Einfälle aufzeichnete. Wenn er spazierenging, blieb er oft stehen, zog ein solches Skizzenbuch aus der Tasche, notierte rasch eine neue Idee oder formte eine früher notierte wieder um. Diese Arbeitsmethode hatte er schon als Knabe begonnen und behielt sie während seines ganzen Lebens bei. Als er starb, waren noch fünfzig Skizzenbücher vorhanden, und sie sind in der Verkaufsliste seines Besitzes verzeichnet. Sie zählen zu seinem Lebenswerk.

Er übte äußerst strenge Selbstkritik; von seinen Einfällen verwarf er viel mehr als er ausführte; hätte er alle Symphonien, deren Anfänge in den Skizzenbüchern stehen, vollendet, besäßen wir anstatt neun Beethovensymphonien mindestens deren fünfzig.

Man erzählt von ihm, er sei äußerst vorsichtig und zögernd vorgegangen, sobald er die Feder in die Hand genommen, und daß es kaum einen Takt seiner Musik gäbe, der nicht Dutzende Male neu geschrieben wäre. Mendelssohn pflegte eine korrigierte Passage von Beethoven vorzuweisen, die von ihrem Schöpfer dreizehnmal verändert worden war. Mendelssohn hatte die einzelnen Varianten geordnet, und in der dreizehnten Korrektur war Beethoven zu seiner ursprünglichen Version zurückgekehrt.

Auch Brahms fand in seinem eigenen Musikschaffen die Bestätigung, daß es keine echte Schöpfung ohne schwere Arbeit gäbe. Das, was man Erfindung nenne, sozusagen der Gedanke, der Einfall, dies sei einfach die Eingebung vom Himmel, für die man nicht verantwortlich, die kein Verdienst sei. Doch sei sie

ein Geschenk, eine Gabe, die man nicht zu hoch einschätzen dürfe, bevor man sie sich nicht durch schwere Arbeit zu eigen gemacht hätte.
Einem jungen Komponisten gab Brahms einmal den Rat, er solle sich nicht allzu leicht mit seinem Werk zufrieden geben; er solle es ruhen lassen, immer wieder zurückkehren, um daran zu arbeiten, bis darin keine Note zuviel und keine zuwenig sei, kein Takt mehr, den man verbessern könnte, erst dann sei ein Kunstwerk vollendet. Von sich selbst sagte Brahms, er wäre eher faul, aber bei einer begonnenen Arbeit nehme sein Eifer niemals ab, bevor er sie nicht untadelig zu Ende gebracht habe.
Sowohl von Beethoven als auch von Brahms ist die schrittweise Entwicklung ihrer Kompositionen, das Feilen und Straffen, das Verlängern und Kürzen von Passagen, das Umformen von Melodien, das Neugestalten von Harmonien, das Abstimmen der einzelnen Teile in Zeugnissen von eigener Hand bekundet. Von anderen Komponisten besitzen wir solche Zeugnisse nicht, das Fortschreiten ihrer Arbeit war ein rein geistiger Prozeß, ihm aber waren auch sie unausweichlich unterworfen.
Von Mozart liest man, daß er am Morgen nach dem Aufwachen meditierend in seinem Zimmer auf- und abging, und daß er bei Tisch Grimassen schnitt und offensichtlich in Gedanken versunken war. Viele seiner Kompositionen entstanden sehr rasch, das heißt, sie wurden schnell niedergeschrieben, aber im Geist hatte er schon heftig daran gearbeitet, hatte für gut befunden und verworfen, und das fertige Ergebnis war die Frucht langer gedanklicher Arbeit, die auf ausgedehntem Studium der Kompositionsregeln beruhte. Mozart selbst schrieb einmal, daß es ein großer Irrtum wäre anzunehmen, sein künstlerisches Schaffen fiele ihm besonders leicht; es gäbe kaum jemanden, der sich so gründlich mit der Kunst des Komponierens beschäftigte wie er, und man könne schwerlich einen berühmten

Komponisten nennen, dessen Werke er nicht wiederholt eingehend studiert hätte.

Diesen mühsamen Versuch, die Regeln erfolgreichen Komponierens durch das Studium der berühmten Werke anderer Komponisten zu erfassen, hat beinahe jeder große Komponist unternommen. Bach schrieb die Werke italienischer und französischer Komponisten ab; Händel reiste als junger Mann häufig ins Ausland, um die Werke anderer Nationen kennenzulernen. Elgars Künstlertum erwachte, als er, noch ein Knabe, zum erstenmal die Partitur von Beethovens Erster Symphonie anschaute und, von ihrem wirkungsvollen Inhalt beeindruckt, die Mittel zu untersuchen begann, mit denen die Wirkung erzielt wurde. Elgars spätere Arbeitsweise glich vorwiegend der von Mozart; die Arbeit erfolgte ohne Feder und Papier, aber sie wurde getan. Dem Autor dieses Buchs erklärte der Komponist einmal: «Ich habe einen Einfall, vielleicht während eines Spaziergangs. Zu Haus schreibe ich ihn dann auf. Wochen oder Monate später komponiere ich vielleicht das Stück, zu dem jener Einfall den Keim gelegt hatte. Die tatsächliche Arbeit des Schreibens mit der ganzen Orchestrierung dauert dann etwa acht oder zehn Stunden, aber in meinem Geist hatte sich die Komposition in der Zwischenzeit allmählich geformt.»

Interessant ist es, einen neuzeitlichen Komponisten zu finden, der den Vorgang des Komponierens, wie er seiner Meinung nach bei den Komponisten allgemein abläuft, analysiert. Es war der französische Komponist Vincent d'Indy, dessen Analyse wahrscheinlich zum Großteil auf seinen persönlichen Erfahrungen beruhte, die er aber auch auf die lange, sorgfältige Beobachtung seines Lehrers und lebenslangen Freundes, des bedeutenden französischen Komponisten César Franck, stützte. Ein authentisches Dokument dieser Art ist es wert, hier vollständig wiedergegeben zu werden:

«Ohne in zu technische Details einzudringen, scheint es mir unerläßlich, den Leser daran zu erinnern (oder vielleicht, ihm beizubringen), daß die Schöpfung eines jeden Kunstwerks, sei es in den bildenden oder in den musischen Künsten, drei Arbeitsperioden erfordert, sofern der Künstler wirklich danach verlangt, seine Gedanken aufrichtig auszudrücken: die Eingebung, die Planung, die Ausführung.

«Die erste Periode, die wir als die der Eingebung bezeichnet haben, ist in zwei Vorgänge unterteilt - die synthetische Eingebung und die analytische Eingebung. Dies bedeutet für den symphonischen Komponisten, daß er zunächst die großen Linien, *den allgemeinen Entwurf* des Werks festlegt und ferner dessen Aufbau-Elemente bestimmt - die Themen, oder *die musikalischen Einfälle,* welche die Hauptpunkte dieses Entwurfs sein werden.

«Diese beiden Vorgänge, die meistens einander folgen, sind jedoch zusammenhängend und können sich gegenseitig in dem Sinn beeinflussen, daß die Art der musikalischen Einfälle (das persönliche Element) den schöpferischen Künstler dahin führt, den in seiner Vorstellung bestehenden Entwurf zu ändern, während andererseits die Art des Entwurfs (das allgemeine Element) bestimmte Typen musikalischer Einfälle hervorrufen und andere ausschließen kann. Doch ob die Eingebung synthetisch oder analytisch ist, immer ist sie unabhängig von Zeit, Ort und Umgebung - beinahe würde ich sagen vom Willen des Künstlers; er muß in der Tat warten, bis der Stoff, aus dem sein Werk geschaffen sein wird - der Stoff, der die Form bestimmen wird, während diese ihrerseits den Stoff beeinflußt - sich von selbst vor seinem Geiste zeigt, ihn völlig überzeugend.

«Diese geheimnisvolle Periode der Eingebung ist manchmal von langer Dauer, besonders bei den großen Komponisten (man sehe nur Beethovens Skizzenbücher an), denn ihr künstlerisches Gewissen zwingt sie zu äußerster Strenge bei der Wahl ihrer Ausdrucksmittel. Dagegen ist es charakteristisch für mittelmäßige Musiker oder solche, die hinsichtlich ihrer Fähigkeiten verblendet sind, sich mit der ersten Idee, die auf sie zukommt, zufrieden zu geben, obwohl deren mindere Qualität nur ein schwaches und daher nicht dauerhaftes Werk entstehen läßt.

«Der zweite Schöpfungsabschnitt eines Werks ist die Periode des Planens, des Ordnens, in welcher der Komponist unter Nutzung der vorher empfangenen Einfälle die Anlage seines Werks als Ganzes sowie in den kleinsten Einzelheiten endgültig beschließt.

«Diese Arbeit, die immer noch einer gewissen Erfindungsgabe bedarf, ist oft von langen Momenten des Zögerns und grausamer Unsicherheit begleitet. Es ist die Periode, in der man an einem Tag zerstört, was man am Vortag mit so großer Mühe geschaffen hatte, doch es ist auch die Zeit jenes höchsten Entzückens, sich in innigster Verbindung mit dem ‹Schönen› zu fühlen.

«Schließlich, nachdem Herz und Phantasie die Eingebung zum Werk empfangen haben, der Geist es geordnet hat, folgt das letzte Stadium, das der Ausführung – für einen Musiker, der mit seinem Fach wirklich vertraut ist, ein reines Kinderspiel. Es ist die Arbeit des Schreibens, wenn nötig der Instrumentation und der anschaulichen Darstellung des Werks auf dem Papier.

«Wenn nun auch die Vorgänge, was Entwurf und Ausführung eines Werks betrifft, bei allen Komponisten, ungefähr gleich sind, bedeutet das noch nicht, daß dies auch für die thematischen Einfälle und die Planung – die Anordnung der verschiedenen Elemente – gilt. Der eine wird vielleicht geduldig zu warten haben, bis sich seine Einfälle entfalten, ein anderer wird im Gegenteil heftig und erregt nach ihnen suchen, ein dritter –

wie Beethoven - wird fieberhaft eine unglaubliche Anzahl von Skizzen über einen einzigen musikalischen Gedanken niederschreiben, ein vierter wieder - wie Bach zum Beispiel - gibt seinem Thema erst schriftlich Gestalt, wenn sie in seinem Geist unwiderlegbar geformt ist.»

Ein Zweck dieses Kapitels ist es, die etwa vorhandene Meinung zu zerstören, daß die Arbeit eines Komponisten nicht schwer sei und nur darin bestehe, eine Flut von Noten aufzuschreiben, die ihm eine freundliche Muse eingibt. Weit entfernt davon, leicht zu sein, ist diese Arbeit oft außerordentlich mühselig; die Muse gibt dem Mann einen Schilling - falls er ihn geschickt verwendet, kann er ihn in hundert Pfund verwandeln.

Wenn all dies nun klar ist, steht der Weg zum nächsten Kapitel offen, das einen ungefähren Begriff davon geben soll, wie - in großen Linien - ein Musikstück geplant oder entworfen wird.

4 Über die Grundlage eines musikalischen Entwurfs

Ein fertiges Musikstück besteht also nicht bloß aus einer Reihe von Noten, sondern es wurde nach einem komplizierten Entwurf sorgfältig entwickelt. Der Komponist mußte seinem Werk, unter häufigen Pausen, über eine lange Zeit hinweg, alle seine Gedanken widmen, damit nicht durch ein bißchen Zuviel oder Zuwenig da oder dort, durch einen geringen Fehler in der Übereinstimmung des Materials oder durch sonst einen Mangel seine Arbeit vergeblich war.

Musik ist ein menschliches Ausdrucksmittel, aber kein freies Ausdrucksmittel, sondern es ist Regeln unterworfen. Diese verändern sich im Lauf der Zeit, aber sie beruhen immer auf bestimmten Grundsätzen. Ein junger Komponist muß deshalb die Spielregeln seines eigenen Zeitalters kennen, aber noch wichtiger ist es, daß er die Grundsätze erfaßt hat, auf denen diese Spielregeln beruhen - den Geist, der hinter dem Buchstaben steht. Wenn er die Prinzipien begreift, kann er sogar mithelfen, neue Regeln aufzustellen.

Ist es nötig, daß der Zuhörer diese Regeln und Grundsätze ebenfalls kennt? Vergleichen wir mit einer anderen Kunstart. Muß ein Tourist die Regeln und Grundsätze der Baukunst verstehen? Theoretisch, nein! Die Baumeister schufen ihre Werke zur Freude oder zur andächtigen Erbauung eines breiten Publikums, und ihre Werke sollten für sich selbst sprechen. In der Praxis aber heißt die Antwort «Ja»! Denn ein Tourist, der ein wenig von den Grundbegriffen der Baukunst versteht, die Entwicklung der einzelnen Stile kennt und noch einiges über die

Geschichte der Architektur weiß, wird hundert Dinge bemerken und sich über sie freuen, die sonst seinem Auge entgingen. Auch Musik ist, in gewissem Licht betrachtet, architektonisch, aber sie ist eine Art architektonisches Traumgebilde, das in Wolkenschleiern vorüberzieht und im Nichts verschwindet. Vor einer Kathedrale kann man einen halben Tag verbringen und sie in allen Einzelheiten betrachten, und man kann immer wieder zurückkehren, um diese zu studieren. Die Einzelheiten einer Symphonie hingegen sind nur im Augenblick, in dem wir sie hören, vorhanden - die einmal verklungenen Laute können nicht wieder zurückgeholt werden. Erst wenn die Symphonie ein anderes Mal - vielleicht Monate später - wieder aufgeführt wird, können wir sie nochmals hören. Natürlich kann man auch auf einer Schallplatte ein- und dasselbe Musikstück immer wieder ablaufen lassen, doch auch dabei bleiben die Einzelheiten des Werks nicht vor uns stehen wie die eines Bauwerks, sondern ziehen, sooft wir die Platte auch hören, immer nur an unserem Ohr vorüber. Eine gewisse Kenntnis der Kompositionsformen und -regeln aber kann dem Zuhörer begreiflich machen, was er zu erwarten hat. Er versteht dann die Hauptzüge des Musikstücks und kann seine Aufmerksamkeit den Einzelheiten widmen, die ihm sonst völlig entgingen.
Der Autor dieses Buchs hat sich vorgenommen, dem musiktechnisch unerfahrenen Zuhörer etwas von der Welt der Schönheit, die ihm jetzt noch unerreichbar ist, zu zeigen. Die Mühe eines gewissen Studiums, um in diese Welt eindringen zu können, wird sich lohnen.

Kompliziertheit ist nichts anderes als vervielfachte Einfachheit. Eine Symphonie ist nichts anderes als ein entwickeltes Volkslied. Die Formen europäischer Musik laufen alle auf dieselben einfachen Grundsätze hinaus; man kann sie mit drei kurzen Worten ausdrücken, Worte, die so grundlegend wahr sind, daß sie gleicherweise als Ausdruck der Idee einer Gemeinschaft der Völker dienen könnten - sie heißen: ‹Vielfalt und Einheit›. Daß jede formale Entwicklung in der Musik auf diesem Grundsatz beruht, kann folgender einfacher Versuch beweisen:

Nehmen wir an, ein musikalischer Amateur will sich als Hobby-Komponist versuchen und ein Musikstück von etwa fünf bis zwanzig Minuten Dauer schreiben. Ein gütiger Himmel hat ihm eine Anfangs-Idee gesandt, eine kleine Melodie, von der er glaubt, sie drücke ein tiefes inneres Gefühl aus. Ein solches Motiv ist vielleicht eine halbe Minute lang (nur wenige Motive sind viel länger). Er schreibt es nieder und freut sich mit Künstlerstolz mächtig über seinen Einfall; dann fragt er sich: «Was kommt jetzt?»

Vielleicht entschließt er sich, diese erste Melodie, die ihm so gut gefällt, zu wiederholen, und damit wird das Stück schon eine ganze Minute lang. Hier aufzuhören, wäre nicht befriedigend, aber soll nun daraus ein fünf Minuten langes ‹Lied ohne Worte› entstehen, indem er die kleine Tonfolge zehnmal wiederholt, oder soll durch hundert Wiederholungen eine fünfzig Minuten lange Symphonie daraus werden? Da sei Gott (der ihm die kleine Melodie gesandt) davor! Keine Zuhörerschaft könnte dies ertragen, das beste Thema hätte keine Wirkung mehr, wenn es so beharrlich oft erklänge. Solche leere Wiederholungen sind nur in der Kirche erlaubt, wo die Gemeinde so andächtig in den Text der Hymnen und Psalmen versunken ist, daß dieselbe Melodie unbemerkt in so vielen Strophen vorüberrauscht. Auch bei der Ballade eines Bänkelsängers lauscht man nur auf die Erzählung und nicht auf die Wiederholungen in der Musik, die zum bloßen Hilfsmittel werden. Unser Komponist will aber weder eine Hymnenmelodie

noch ein Bänkellied schreiben, sondern ein Stück für den Konzertsaal. Da tun es jedoch bloße Wiederholungen nicht, er muß ein anderes Verfahren probieren.
Sein erstes Thema hat er niedergeschrieben und wartet jetzt sehnlichst darauf, daß ihm ein zweites einfalle. Nach einigen Stunden, oder auch Tagen, hat er es gefunden und bringt es zu Papier. Eine bis zwei Minuten seiner ‹Fünfzigminuten›-Symphonie sind nun vorhanden. Er braucht noch mehr Einfälle, ein drittes, viertes, fünftes Thema, und so wie sie ihm einfallen, notiert er diese Themen. In diesem Stadium tut er gut daran, das vorhandene ‹Stück› jemandem vorzuspielen. Dabei stellt sich heraus, daß es nicht den erhofften Eindruck macht, nicht gefällt. Zwei Gründe lassen sich dafür anführen. Auf das Auftauchen eines neuen Themas hinzuhören, erfordert gespannte Aufmerksamkeit, und die Folge von fünf verschiedenen Themen, geradewegs hintereinander, verlangt einfach zuviel Nervenkraft. Und dann klingen die fünf hintereinander gespielten Melodien nicht wie ein ganzes Stück, sondern wie fünf einzelne Stücke. Auch wenn man vielleicht noch vier hübsche, kleine verbindende Passágen dazu erfindet, hört es sich doch nicht wie ein zusammenhängendes Ganzes an.
Diese Experimente zeigen uns, worauf es ankommt. Der erste Versuch mit den fünf Themen hat bewiesen, daß ‹Vielfalt› notwendig ist, der zweite, daß es auch der ‹Einheit› bedarf. Unser Komponist denkt darüber nach, bevor er weitergeht, und es kommt ihm eine Erleuchtung, ein glücklicher Gedanke! Er nimmt sein erstes Thema, läßt das zweite folgen und kehrt wieder zum ersten zurück. Das tönt sehr gut! Er hat die Form eines Mozart-Menuetts getroffen, die Form, in der neunzig Prozent aller Menuette, kurze Lieder, Tänze, Nocturnes und andere kleine Musikstücke komponiert sind. Nach Anhören des ersten Themas (wir bezeichnen es mit I) bereit für einen Wechsel, be-

grüßt man erfreut das zweite Thema (das wir mit II bezeichnen). Nachdem wir diese beiden Themen gehört haben, brauchen wir im Moment keine Veränderung und hören gern wieder das altbekannte Thema I.

Jetzt ordnet der Tondichter drei seiner Themen (I, II und III) folgendermaßen an:

I II I III I

Auch diese Anordnung findet er annehmbar. Er verlängert sie und erhält:

I II I III I II I

Und damit hat er den genauen Plan eines Rondos von Beethoven entdeckt!

Da der Amateur nicht genügend Erfahrung hat, klingt sein Werk noch etwas schwerfällig, und er muß versuchen, diesen Mangel zu beseitigen. Er wendet sich an einen Musikerfreund um Rat, der ihm erklärt, die immer noch hörbare Eintönigkeit komme daher, daß alle drei Themen in, wie der Musiker sich ausdrückt, ‹derselben Tonart› stehen; oder er macht den Hobby-Komponisten darauf aufmerksam, daß die Melodien im Rhythmus zu ähnlich sind; oder daß die Verwandtschaft der Tonarten zu entfernt ist; oder daß die Rhythmen zu verschieden sind. Wir hören hier wieder, auf welchen Grundsatz es ankommt – auf ‹Vielfalt und Einheit›, auf Verschiedenheit der Materialien, ausgeglichen durch ihre Wiederholung.

Der Plan wird so immer noch nicht für die zugemessenen zwanzig Minuten eines Musikstücks ausreichen, aber der Amateurmusiker ist immerhin schon auf dem Weg zu erfahren, wie man ein ‹Fünfzigminuten-Stück› schreiben *könnte*. Da er die Regeln des Menuetts und des Rondos entdeckt hat, kennt er nun das Prinzip der klassischen wie der romantischen Epoche in der europäischen und amerikanischen Musik. Das Problem, das er gelöst hat, ist wesentlich das echte Problem des Komponisten, sei es Beethoven oder Brahms, Franck oder Elgar. Natürlich haben wir es hier nur in seinem allgemeinen Umriß betrachtet, während ihr scharfes, kritisches Gehör die berufenen Komponisten zwingt, um ihre Musik immer aufs neue zu ringen, nicht nur im großen Plan, sondern in jedem kleinen Detail. Der bedeutende englische Kunsthistoriker John Ruskin hat dies erkannt und wendete zur Betrachtung von Bildern einen Vergleich mit der Musik an:

«Wenn man eine edle Melodie hört und sie prüft, wird man finden, daß auch nicht die leiseste oder kürzeste Note weggelassen werden kann, ohne daß damit die ganze Passage, in der sie vorkommt, zerstört wird; auch daß jede Note eingebettet innerhalb der Passage zwanzigmal schöner klingt, als nur einzeln auf dem Instrument gespielt. Genau dieser Grad von Ordnung und Beziehung muß zwischen jedem Farbfleck und jeder Linie eines Meisterwerks der Malerei herrschen. Man muß das ganze Bild als weitläufige, musikalische Komposition auffassen.»

5 Wie kleinere Instrumentalstücke konstruiert sind

Wir wollen uns jetzt ansehen, wie die musikalischen Grundformen, von denen wir im vorigen Kapitel gehört haben, in einigen kleineren Meisterwerken bekannter Komponisten angewandt wurden. Aufs Geratewohl untersuchen wir mehrere solche Musikstücke. Wenn der Leser sie spielen oder die Noten lesen kann, um so besser.
Wir haben die Themen mit I, II und so fort bezeichnet.

Ein Walzer von Chopin

Es ist der bekannte Walzer in Des-Dur, Op. 64, No 1. Hier ein Schema seiner Konstruktion:

I	II	I

Thema I hat lebhaft fließenden Charakter und eine Länge von ungefähr fünfzig Takten. Thema II ist ruhiger, verhaltener und bildet deshalb einen guten Kontrast zu Thema I. Nach ungefähr dreißig Takten des II. Themas kehrt Thema I wieder zurück.
Das ist ‹Vielfalt und Einheit› in einfachster Form.
Der Fachausdruck heißt *‹Die einfache dreiteilige Form›*.

Ein Teil aus der «Peer Gynt»-Suite von Grieg
Åses Tod

I	II	I	Coda

Hier ist die Konstruktion sogar noch einfacher, denn Thema II ist nur eine Transposition von Thema I in eine verwandte Tonart. Andererseits hat dieses Stück noch ein Anhängsel zum Abschluß, eine sogenannte ‹Coda›. Wenn man diesen Teil aus der Peer Gynt-Suite spielt oder hört, beachte man den gefühlansprechenden Zweck dieser Coda, durch welche dieser Teil des Stücks nicht einfach mit der Wiederholung des ersten Themas zu Ende geht. Das Stück ist sehr kurz, jedes Thema besteht nur aus acht Takten.

Ein Stück von Macdowell
Aus den «Sea Pieces, A.D. 1620»

Ia	II	Ib	Coda

Der Titel mit der Jahreszahl besagt, daß dieses Musikstück die Fahrt der ‹Pilgerväter›, der im Jahre 1620 auf der ‹Mayflower› nach Amerika ausgewanderten Puritaner, schildern soll. Der Komponist hat vorgeschrieben, es in einem ununterbrochen ‹schlingernden› Rhythmus zu spielen, und das Thema I ruft Bilder der düsteren See hervor.

Der mittlere Abschnitt, II, trägt würdevollen, psalmartigen Charakter; bei näherer Prüfung wird man jedoch merken, daß sein Material irgendwie mit dem des Abschnittes I verwandt ist, aber so verarbeitet, daß es einen anderen Gefühlseindruck erzielt.

Wenn Abschnitt I wiederkehrt, geschieht es mehr dem geistigen Gehalt nach, das Thema wird nicht sklavisch genau wiederholt, weshalb wir im Schema die beiden Abschnitte mit Ia und Ib bezeichnet haben.

Man kann sehen, daß das Stück durch ganz wenig thematisches Material zusammenhält, und dieses Material ist so verschiedenartig verarbeitet, daß das Stück als Ganzes einem recht großen Gefühlskreis Ausdruck gibt, dabei aber nichts an Einheit verliert, sondern eher gewinnt. Es ist viel subtiler aufgebaut als die vorher erwähnten Stücke, besonders was die Gegensätze der Tonarten betrifft, doch das Aufbauprinzip ist genau dasselbe.

Ein Nocturne von Chopin

Das beliebte Nocturne in Es-Dur (Op. 9, No. 2) wird unserem Zweck hier gut dienen. Ein Lied, mit der rechten Hand gespielt und mit der linken begleitet – das ist die Art dieses Stücks (wie auch die der übrigen Chopin-Nocturnes).

I	I	II	I	II	I	Coda

Das erste Thema ist ganz kurz; sobald es erklingt, wird es sofort wiederholt, so daß das Hauptthema und die Grundtonart im Gedächtnis des Zuhörers gut verankert werden. Das zweite Thema, ebenfalls kurz, steht in der nächst-verwandten Tonart. Es ist für Chopin charakteristisch, daß jede Wiederholung seines ersten Themas kleine Veränderungen in der Anlage aufweist, zum Beispiel winzige Verzierungen in der Stimme der rechten Hand.

«Kriegsmarsch der Priester» von Mendelssohn

Dieses bekannte Stück ist ein Beispiel für eine einfache Marsch-Form.

Einleitung	I	II	I	III	Einschub	I	Coda

Die kurze Einleitung mit den Trommelwirbeln und den Trompetenstoßrhythmen bereitet die kriegerische Atmosphäre vor. Nach einem leisen Beginn steigern sich die Lautstärke und rhythmische Intensität ständig; ein Gefühl der Erwartung entsteht, die das erste Thema ankündigt, das dadurch sehr wirkungsvoll einsetzt.
Die einzelnen Themen sind stark kontrastierend; Thema I klingt würdevoll, II ist unruhiger, III hat eine fließende Melodie. Zu Beginn ertönt das erste Thema mit Wiederholungen, was bei den folgenden Malen nicht mehr nötig ist, denn - ähnlich wie bei der Chopin-Nocturne - ist es bereits gut im Gedächtnis des Zuhörers eingeprägt.
Der Einschub gegen Ende des Marsches dient einem ähnlichen Zweck wie die Einleitung - er kündigt die Rückkehr des Hauptthemas an.
Die Coda beginnt mit der Wiederholung eines Teils von Thema III, diesmal in der Grundtonart, mit der Bezeichnung, daß es laut anstatt leise zu spielen ist, mit verändertem Rhythmus im Baß. Die Coda führt zu einem wirkungsvollen Schluß, der das Gefühl eines abschließenden Höhepunkts verleiht.

Air mit Variationen
Aus der 5. Suite für Cembalo von Händel

Zuerst ertönt in aller Einfachheit eine ganz kleine Melodie, die dann fünfmal, in verschiedene Variationen verkleidet, wiederholt wird. Das Stück besteht also aus sechs kurzen Abschnitten, die man folgendermaßen beschreiben kann:
(a) Die Melodie, heiter und ruhig.
(b) 1. Variation. Sie bewegt sich im ziemlich gleichen Tempo, aber zwischen die Töne der Melodie ist eine kurze Note eingeschoben; dadurch entsteht nun aus den überwiegend halben

Noten der Originalmelodie ein fortgesetzter Fluß von Viertelnoten in der rechten Hand.
(c) 2. Variation. Wie die vorige, aber die Viertelnoten sind in der linken Hand.
(d) 3. Variation. Jede Zählzeit wird durch die rechte Hand in Sechstel geteilt (drei plus drei). Man kann zunächst nicht sagen, was aus der Melodie geworden ist, aber man kann spüren, daß sie noch da ist.
(e) 4. Variation. Hier ist es die linke Hand, deren Taktteile in Sechstel geteilt sind.
(f) 5. Variation. Die Melodie ist noch mehr verkleidet, da jeder Takt aus einer schnellen Tonleiterpassage von acht Noten besteht, hauptsächlich in der rechten Hand, aber manchmal antwortet die linke Hand mit einem ähnlichen Lauf. Diese Variation bringt das Stück zu einem brillanten Abschluß.
Wie man sieht, besteht in diesem Stück im Prinzip die Absicht, ein einfaches Thema zu verwenden und es auszuschmücken. Händels Plan war es, das Gefühl der Spannung zu erhöhen. Er beginnt mit halben Noten im Thema selbst, fährt mit Viertelnoten in der 1. und 2. Variation fort, mit sechs Achtelnoten pro Takt in der 3. und 4. Variation, und mit acht Achtelnoten pro Takt in der 5. Variation. Das Prinzip der ‹Einheit und Vielfalt› ist hier ganz offensichtlich, aber die verwendete Formel ist anders als die in den vorher besprochenen Musikstücken.
Das ‹Air mit Variationen› war jahrhundertelang eine gebräuchliche musikalische Form. Mit diesen Mitteln machte die Kunst der Komposition große Fortschritte; die Entwicklung musikalischen Materials und die Erforschung aller Möglichkeiten fördern die Erfindungskraft der Komponisten auf beste Weise und vermitteln ihnen nützliche Kunstgriffe für die Behandlung ihrer Themen, die sie bei jeder Komposition brauchen. Die Variationenform gibt es in allen Arten, von den Variationen ein-

fachster Melodien bis zur Anwendung in den großen Tondichtungen von Bach, Beethoven, Brahms oder Elgar.

Die einfache zweiteilige Form

Eine frühe instrumentale Form, wie sie in vielen kürzeren Stükken von Bach zu finden ist, zum Beispiel in einigen seiner ‹48 Präludien› und in vielen Sätzen seiner Suiten und Partiten, ist folgendermaßen angelegt: Die Stücke sind zweiteilig, und der erste Teil, der in der Grundtonart beginnt, führt in eine andere, verwandte Tonart, der zweite Teil beginnt mit dieser und führt in die Grundtonart zurück.

6 Das Geheimnis der Sonatenform

Der in der Musik häufig gebrauchte Ausdruck ‹Sonatenform› kann recht irreführend sein. Doch wollen wir uns zunächst ansehen, um was es eigentlich geht, bevor wir über den Namen sprechen.

Wir stellen jetzt ein neues Modell vor. In den bisher beschriebenen Musikstücken - mit Ausnahme des ‹Air mit Variationen› von Händel - sind die Themen, mit jeder ihrer Wiederholungen, meistenteils in vollkommen gradliniger Weise ausgeführt. Das Stück besteht tatsächlich nur aus einer Kombination von Themen, möglicherweise mit einer Einleitung, einem kurzen Einschub oder einer Coda. Kontraste des musikalischen Materials und der Tonarten, Wiederholungen des Materials und der Tonarten sind die Mittel der künstlerischen Gestaltung, mit denen das Ziel, ‹Vielfalt und Einheit›, erreicht wird.

Was man den ‹künstlerischen Plan› der erwähnten Werke nennen kann, ist demgemäß einfach. Der gefühlsmäßige Ausdruck der Themen selbst mag vielfältig sein, durch Abwechslung noch betont, aber ein verfeinertes Spiel von Empfindungen ist nicht möglich, wenn man an ein Schema gebunden ist, das nur kurze Motive und deren Wiederholungen in ihrer ursprünglichen Form, oder doch beinahe in dieser, gestattet.

Liest man die Beschreibung der Musikstücke im vorangegangenen Kapitel nochmals durch - noch besser, man spielt diese Stücke selbst oder hört sie an -, dann wird man erkennen, daß in dem «Sea Piece» von Macdowell die Wiedergabe verschiedener Stimmungen am abwechslungsreichsten ist. Das kommt daher, daß der Komponist sich nicht ganz so strikt an ein Schema gehalten hat. Zum Beispiel hat er das erste Thema weniger häufig wiederholt und dafür aus demselben Material, leicht abgeändert, eine neue Passage gemacht. Dies erlaubte ihm, das ‹Spiel der Gefühle› seinen eigenen inneren Bedürfnissen gemäß durchzuführen, und gerade das Wort ‹durchführen› muß jetzt näher erklärt werden.

In den längeren instrumentalen Formen der Neuzeit ist die sogenannte ‹Durchführung› ein äußerst wichtiger und wertvoller Teil des künstlerischen Entwurfs. Im wesentlichen versteht man darunter das Zerlegen eines Themas und die Verwendung einzelner Teile davon auf neue Art oder in neuen Verbindungen untereinander; dies geschieht meistens mit vielen Modulationen, das heißt mit wechselnden Tonarten.

Welches sind nun die ‹Teile› eines Themas? Wenn man das Wanderlied «Das Wandern ist des Müllers Lust» vor sich hinsummt, merkt man, daß es aus sieben Hauptteilen besteht, entsprechend den sieben Textzeilen. Diese Hauptteile sind außerdem unterteilt, und die erste Zeile - bestehend aus neun Tönen - zerfällt ihrer Natur nach in einen Auftakt (aus einer Note) und in zwei Takte zu je vier Noten. Die neun Noten von «Das Wandern ist des Müllers Lust, das» bilden zusammen eine musikalische ‹Phrase›, und diese Phrase besteht aus zwei ‹Motiven› - den Noten von «Das Wandern ist des» und den Noten von «Müllers Lust, das». Wenn wir die ganze Melodie in Motive einteilen, haben wir sie in ihre kleinsten rhythmischen Formen zerlegt.

Nehmen wir einmal an, ein Komponist möchte ein «Orchesterstück im Volkston» schreiben und dazu unser Wanderlied als Hauptthema verwenden. Er könnte mit einigen flotten Akkorden als kurze Einleitung beginnen und dann die Melodie vom ganzen Orchester spielen lassen. Danach macht er vielleicht eine kleine verbindende Passage - musiktechnisch ‹Überleitung› genannt -, die zur Melodie eines anderen bekannten

Volkslieds, zum Beispiel «Der Mai ist gekommen», als zweites Thema ‹überleitet›; als Kontrast setzt er dieses zweite Thema in eine andere, der ersten verwandte Tonart. Dieser ganze bisherige Abschnitt heißt ‹Exposition›, und seine formale Funktion besteht darin, die Themen des Stücks darzulegen – vorzustellen.

Nun möchte der Komponist etwas weniger Einfaches als die beiden Themen in ihrer ursprünglichen Form bringen und geht nun weiter vor, indem er die Hauptmelodie «Das Wandern...» verarbeitet, technisch ausgedrückt, er schreitet zur ‹Durchführung›, das heißt zur Verarbeitung seines thematischen Materials. Er schreibt vielleicht eine Passage, in der das erste Motiv, immer lauter werdend, mehrere Male wiederholt wird und dadurch die Spannung der Zuhörer immer mehr steigert. Oder er läßt in dieser Passage die Wiederholungen des Themas nach und nach leiser werden, um damit auf die Zuhörer beruhigend zu wirken. Er könnte das Motiv auch abwechselnd von verschiedenen Instrumenten des Orchesters übernehmen lassen oder es in verschiedenen Lagen und mit verschiedenen Harmonien wiederholen; dadurch kann er schnell durch etliche Tonarten, verwandte und nicht verwandte, eilen und damit die Spannung, welche Wendung die nächsten Takte nehmen werden, erhöhen.

Er benutzt auch eine oder zwei Zeilen oder Motive des ersten Themas und verarbeitet sie mit einer ähnlich durchgeführten Passage des zweiten Themas. Schließlich gelingt ihm eine brillante Passage, in der beide Themen miteinander verflochten und ihre unterschiedlichen Taktarten («Das Wandern...» ist ein Zweitakt, «Der Mai...» ist ein Dreitakt) aneinander angepaßt sind; das Orchester spielt nun beide Themen zusammen mit verschiedenen Instrumenten.

Dies sind die Mittel der ‹Durchführung›; wenn der Komponist

nun denkt, das Publikum habe jetzt genug davon gehört, kehrt er zur klaren, einfachen Wiederholung der beiden Themen zurück - das nennt man die ‹Reprise› - und beendet schließlich mit einer klangvollen Coda sein «Stück im Volkston».
Nun gibt es bei dieser Art von Komposition noch folgende Bedingung: Da das zweite Thema «Der Mai ist...», als es das erste Mal auftauchte, nicht in der Grundtonart des Stücks, sondern in einer verwandten Tonart stand, muß es bei seinem zweiten Erscheinen, so nahe gegen Schluß des Werks, in die Grundtonart gesetzt werden, damit am Ende des Stücks die Tonalität feststeht.
Das Anlage-Schema dieser Komposition sieht folgendermaßen aus:

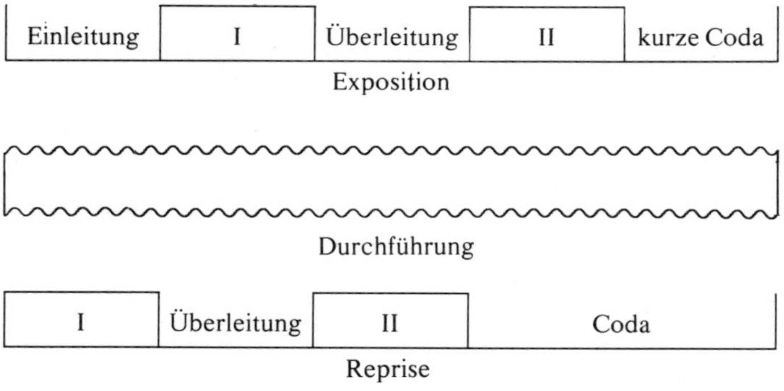

Dieses folkloristische Konzertstück ist recht anspruchslos im musikalischen Ausdruck, denn es ist, dem «Volkston» gemäß, ganz schlicht angelegt.
Nehmen wir jetzt als Beispiel ein wohlbekanntes Stück in Sonatenform, das in die Tiefe künstlerischen Empfindens führt und gründlicheres musikalisches Verständnis erfordert, verfol-

gen wir dabei auch nicht mehr den Weg synthetischer Betrachtung - wagen wir uns an eine Analyse. Wir wählen den ersten ‹Satz› von Beethovens berühmter Sonate Op. 13, der ‹Pathétique›. Der Leser, der sich eine Schallplatte dieser Sonate anhört - sie wurde von vielen Pianisten gespielt und aufgenommen - wird die Analyse besser verstehen; wenn er die Noten zur Hand nimmt, ist es nützlich, die Takte zu numerieren.

Beethoven, Sonate Op. 13 (Pathétique)
1. Satz

Exposition. Einleitung, 10 Takte mit der Bezeichnung ‹Grave›, das heißt die Bewegung ist langsam und kraftvoll. Diese Einleitung ist aus einem kleinen, streng rhythmischen Motiv konstruiert, das sehr kunstvoll entwickelt ist.
Am Schluß der Einleitung steht: ‹Attacca subito l'Allegro›, das heißt, daß das **erste Thema** (Takte 11-27, in c-Moll), das mit ‹Allegro molto e con brio› bezeichnet ist, unvermittelt in Angriff genommen werden soll.
Die *Überleitung* (Takte 27-51) ist teilweise kontrapunktisch, mit Material aus dem ersten Thema.
Das **zweite Thema** besteht aus zwei Teilen (Takte 51-89 und 89-121). Die vorherrschenden Tonarten sind es-Moll und Es-Dur, natürlich mit Durchgangspassagen durch andere Tonarten. Die beiden Teile des Themas sind so unterschiedlich, daß sie manchen Hörern wie zwei verschiedene Themen vorkommen können.
Kleine Coda oder *Codetta* (Takte 121-132), Wiederholung aus dem ersten Thema.
Hier weist Beethoven an, daß vom ‹Allegro› an wiederholt werden soll. Nach der Exposition seiner Themen will er offenbar ihren Eindruck auf den Zuhörer festigen. Danach schiebt

er, sehr wirkungsvoll, vier Takte als Reminiszenz an seine feierliche Einleitung ein und geht dann zur

Durchführung (Takte 139–196) über. Diese besteht, wie man erkennen wird, aus Motiven des ersten Themas sowie der Überleitung. Sie ist verhältnismäßig kurz und weniger gründlich ausgearbeitet als sonst meist bei Beethoven.

Reprise: Erstes Thema (von Takt 197 an), c-Moll wie vorher, gegen Schluß etwas abgeändert, so daß es in eine andere Tonart führt und in eine kurze *Überleitung* verklingt.

Reprise: Zweites Thema (Takte 223–287), aus denselben beiden Motiven wie vorher gebildet, doch stehen sie jetzt in f-Moll und in c-Moll.

Coda (Takte 287 bis zum Schluß), aus dem Material des ersten Themas gebildet, mit einem kurzen Einschub aus der Einleitung.

Würden wir versuchen, diese Analyse in eine schematische Form zu bringen, dann könnten wir sehen, daß sie im wesentlichen die gleiche wäre wie die des Orchesterstücks im Volkston, das wir uns vorher ausgedacht haben. Doch in der Beethovensonate finden wir einen Reichtum an Einzelheiten, die man nicht in einem Schema darstellen kann; kühne Harmonien, gewagte Modulationen; die subtilen Ähnlichkeiten des musikalischen Materials, das in der Einleitung und im ersten und zweiten Thema benutzt wird, sind so wenig aufdringlich, daß viele Hörer, ja sogar Spieler, sie gar nicht bemerken, die aber doch genügen, um das Werk auf wundervolle Art zusammenzuhalten. Die beiden eingeschobenen Stellen, mit ihren klaren Anklängen an die Einleitung, auch sie das Werk als Ganzes zusammenbindend, und viele andere formale Details sind es wert, daß sich der wirklich musikinteressierte Leser ernsthaft damit beschäftigt. Dem durchschnittlichen Zuhörer aber wird es genügen, daß er gelernt hat, die wichtigsten Themen zu unter-

scheiden, sie wiederzuerkennen, wenn sie nochmals auftauchen, und einigermaßen verfolgen zu können, wie diese Themen in der Durchführung verarbeitet sind. Diese Befähigung wird immerhin aus einem bloßen Zuhörer einen verständnisvollen Lauscher machen, dessen Freude an einem Konzert dadurch vervielfacht wird. Das Geheimnis der ‹Sonatenform› ist überhaupt kein so großes Geheimnis!
Im vorhergehenden Kapitel haben wir die Form eines einfachen Rondos erklärt; es gibt auch kompliziertere Rondo-Formen, doch würde es in dieser Anleitung für den Musikhörer zu weit führen, wollte man alle Einzelheiten der ‹Formenlehre› erläutern. Ihm kann es vollkommen genügen, wenn er weiß, daß jede Komposition, in der ein Hauptthema immer wiederkehrt, ‹Rondo› heißt. Die Zahl der Themen, die in einem Rondo – neben dem Hauptthema – vorkommen, ist beliebig; das Wesentliche ist die Wiederkehr des Hauptthemas nach Einschieben neuer Themen; das führt zu der Abrundung, aus der der Name ‹Rondo› entstanden ist. Sowohl das Hauptthema als auch die Nebenthemen können variiert werden.
Wenn der Musikfreund imstande ist, die Form eines Rondos zu erkennen, wenn er in einer Sonatenform etwas von der ‹Durchführung› erfassen kann und das Zusammenspiel der Themen und Melodien hört, dann wird er der Musik mit Verständnis zuhören.

7 Die Sonate oder die Symphonie als Ganzheit

Wir sind nun in der Lage, eine Sonate oder eine Symphonie als ganze Komposition zu untersuchen. Am einfachsten wäre es zu sagen, daß ein solches Werk eine Verbindung von drei oder vier kürzeren Stücken ist, die, aneinandergereiht, ein längeres Musikstück ergeben. Diese Definition ist aber nicht vollständig, und außerdem ergibt keineswegs jede derartige Zusammenstellung eine Sonate oder eine Symphonie. Wir können die Definition aber doch für uns brauchbar machen, wenn wir ergänzend erklären, daß man unter einer Sonate oder einer Symphonie nie etwas Oberflächliches oder Unbedeutendes versteht, daß es sich immer um ein Ausdrucksmittel menschlicher Gefühle handelt, die zwar nicht immer feierlich sein müssen, doch jedenfalls einen tieferen Wert darstellen.

Die einzelnen Teile, aus denen eine Sonate gebaut ist, werden ‹Sätze› genannt, und diese unterscheiden sich im allgemeinen voneinander im Tempo; auf einen schnellen Satz folgt ein langsamer, diesem wieder ein schnellerer und so weiter.

Wir werden nun sehen, daß einer oder mehrere der ‹Sätze› die gleiche Form haben, wie im vorhergehenden Kapitel beschrieben, was den Titel ‹Sonatenform› erklärt. Dieser in der Musiklehre verwendete Ausdruck ist aber, wie bereits gesagt, irreführend, denn er bezieht sich nur auf einen Satz, meistens den ersten, einer Sonate oder Symphonie, obwohl es logischer wäre, wenn er die ‹Form› des ganzen Werks bezeichnete, und nicht nur die eines einzigen Satzes.

Wenn nun ein Stück, bestehend aus mehreren ‹Sätzen›, für ein Instrument allein, zum Beispiel Klavier, oder für zwei Instru-

mente, wie Klavier und Violine, komponiert ist, heißt es ‹Sonate›; ist es für ein ganzes Orchester geschrieben, dann heißt es ‹Symphonie›. Kompositionen von Kammermusik, die ebenfalls aus mehreren Sätzen bestehen - Trios, Quartette, Quintette - sind einfach Sonaten für drei, vier, fünf oder auch noch mehr Instrumente (Sextett, Septett, Oktett). Ein ‹Konzert› für ein Solo-Instrument (Klavier, Geige, Cello usw.) mit Orchester ist in Wirklichkeit auch nichts anderes als eine Sonate für ein einziges Instrument mit der Begleitung des ganzen Orchesters.
Es ist vielleicht nützlich, als Beispiele die Struktur einiger bekannter Sonaten und Symphonien zu umreißen, damit wir die allgemein charakteristischen Merkmale solcher Werke begreifen lernen.

Beethoven, Sonate Op. 13 (Pathétique)

Die Sonate besteht aus drei kontrastierenden Sätzen.
1. Satz. Leidenschaftlich und tragisch im Charakter. Nach einer langsamen Einleitung folgt der lebhafte Satz in der eigentlichen ‹Sonatenform› (siehe Kapitel 6).
2. Satz. Dieser Satz ist ruhiger, langsam und edel, mit tiefem Ausdruck, ein starker Kontrast zum vorhergehenden Satz. Die Form ist ein einfaches Rondo: I, II, I, III, I, Coda. Vielleicht ist es der durchwegs gefühlvolle Charakter dieses Satzes, der den Namen der ganzen Sonate, ‹Pathétique›, den der Komponist selbst ihr gab, rechtfertigt.
3. Satz. Ein schneller bewegter Satz in Rondo-Form.

Beethoven, Sonate Op. 27, No. 2

Die Sonate, bekannt als ‹Mondscheinsonate›, erhielt diesen Namen erst nach dem Tode Beethovens, der sein Werk einfach

‹Sonata quasi una Fantasia› genannt hat und damit sagen wollte, daß er nicht ein Stück von kühler, klassischer Vollendung, sondern eines in freier, lebendiger Form komponiert hat. Wieder haben wir drei Sätze.

1. Satz. Ein romantisches ‹Lied ohne Worte›, langsam und verhalten. Die Form eines solchen Stücks, von dem man schon beim ersten Anhören beeindruckt ist, braucht man wirklich nicht zu analysieren. Es ist sogar auffallend, daß eine strenge Analyse nach irgendeiner vorhandenen Formel beinahe unmöglich ist. Jedoch das Prinzip der ‹Einheit und Vielfalt› ist unverkennbar, und die Form ist annähernd ‹dreiteilig› - erster Teil, zweiter Teil und wieder erster Teil.

2. Satz. Ein hübsches Menuett und Trio, mit einem Schimmer tieferen Gefühls als der Name einer bloßen Tanzform vermuten läßt. ‹Menuett und Trio› sind als Satz einer Sonate oder Symphonie häufig anzutreffen. Da hier zuerst das Menuett, dann das Trio und dann nochmals das Menuett gespielt werden, haben wir es im ganzen wieder mit jener dreiteiligen Form zu tun, wie wir sie in Kapitel 5 bei kurzen Musikstücken gefunden haben. Wenn wir dieses Menuett für sich allein untersuchen, werden wir sehen, daß seine Form an sich schon dreiteilig ist. Natürlich bedeutet der Ausdruck ‹Trio› eigentlich ein Musikstück für drei Instrumente oder drei Stimmen, jedoch wird das Mittelstück einer dreiteiligen Musikform - wie Menuett, Scherzo, Marsch - auch oft als ‹Trio› bezeichnet. Der Ausdruck scheint als Überbleibsel aus einer Zeit herzustammen, in der diese Teile der Stücke durch 3 Bläser ausgeführt wurden, wie es zum Beispiel bei Lully üblich war. Hier ist das Trio einfach ein zweites Menuett, das einen Kontrast zum ersten und so das mittlere Thema der dreiteiligen Form bildet - I, II, I.

3. Satz. Ein sehr kräftiger, schneller Satz in Sonatenform mit einer langen, brillanten Coda.

Beethoven, Sonate Op. 26 (mit dem Trauermarsch)

1. Satz. Ein wunderschönes, ausdrucksvolles Air mit Variationen.

2. Satz. Ein Scherzo mit Trio, dann Wiederholung des Scherzos. Hier haben wir wieder die einfache dreiteilige Form. Wie bereits erwähnt, war das Menuett mit Trio im mittleren Satz früherer Sonaten und Symphonien allgemein gebräuchlich. Beethoven hat in vielen Fällen das Tempo über die Schnelligkeit eines Tanzes hinaus, von dem die Form des Satzes abgeleitet war, beschleunigt; auch hat er unerwartete harmonische Wendungen, Melodien und Rhythmen eingebaut, gelegentlich auch den Dreivierteltakt, den Originaltakt eines Menuetts, aufgegeben und dem Ganzen ausgelassenen Humor verliehen, was den Namen ‹Scherzo› rechtfertigte.

3. Satz. ‹Trauermarsch für den Tod eines Helden›: einfache dreiteilige Form mit einer ganz kurzen Coda. Welch ein Kontrast zu dem vorhergehenden Satz!

4. Satz. Ein leise fließendes Stück, ein Rondo in Sonatenform.

Beethoven, Symphonie No. 3, Op. 55 (‹Eroica›)

1. Satz. Ein kühnes erstes Thema, aufgebaut aus dem einfachsten Dreiklangakkord, und ein gut durchgeführtes zweites Thema. Die ‹Durchführung› ist sehr ausgedehnt und enthält einige wundervolle, in ihrer Art der Wiedergabe mannigfacher Gefühle geniale Wendungen. Das ‹Unerwartete› ist ein Grundzug dieses Satzes. Er ist doppelt so lang wie der entsprechende Satz in den beiden Symphonien, die Beethoven vorher komponiert hat.

2. Satz. ‹Trauermarsch›. Ein Stück von tief empfundenem musikalischem Ausdruck in der einfachen dreiteiligen Form, aber in der ganzen Durchführung weiter ausgebreitet. Ganz am Schluß erscheint nochmals ein Fragment des Hauptthemas, gleichsam in ein Schluchzen zerfallen - die Wirkung ist ergreifend.
3. Satz. Scherzo und Trio. Ein langer, lebhafter Satz, dessen Eindruck sehr davon abhängt, wie zart und leise die schnellen Passagen gespielt werden.
4. Satz. Nach einigen rasenden Takten und schweren Akkorden beginnt auf sehr ungewöhnliche Art eine Melodie mit Variationen - am besten könnte man es als ‹Variationen über *zwei* Themen› bezeichnen. Die erste Melodie tritt auf und fügt sich zwei Variationen; dann kommt das zweite Thema, und jetzt erscheint das erste Thema als Baß dazu; nun folgen andere Variationen, die äußerst phantasievoll und erfindungsreich sind.

Als Beethoven im Jahre 1802 seine ersten beiden Symphonien schon komponiert hatte, äußerte er sich zu einem Freund, daß er von seinen Symphonien bis jetzt nicht befriedigt sei und sich entschlossen habe, einen neuen Weg einzuschlagen. Dieser neue Weg führte Beethoven zu diesem langen, kunstvollen Werk. Die Formen der Sätze sind die gleichen wie in seinen ersten Symphonien, doch der Gefühlsgehalt ist unendlich tiefer. Der erste Titel, den Beethoven seinem Werk gab, war ‹Buonaparte›, denn er hatte es dem siegreichen Napoleon gewidmet. Doch nach einem Bericht seines Schülers Ferdinand Ries, der ihm die Nachricht überbrachte, daß Napoleon sich zum Kaiser erklärt habe, sei der Meister in Wut geraten und habe das Titelblatt der Partitur zerrissen. Später wurde es neu geschrieben und nun erst erhielt die Symphonie den Titel ‹Sinfonia eroica›.

Darunter schrieb Beethoven die vielsagenden Worte: «Composta per festeggiare il sovvenire di un grand'uomo» (Komponiert, um das Andenken an einen großen Mann zu feiern) und widmete das Werk dem Fürsten Lobkowitz.
In England hat es neun Jahre gedauert, bis die Symphonie aufgeführt wurde, in Frankreich gar zwanzig Jahre. Zweifellos war der Grund dafür, daß viele Menschen sich davor scheuen, Musik eines neuen Stils zu hören. Die Formen der ‹Eroica› sind zwar die schon früher üblichen, doch sind sie auf eine neue, freie Art und zu noch nie gehörter Länge ausgearbeitet; wahrscheinlich fürchteten die Dirigenten in England und Frankreich die Unfähigkeit des Publikums, den Sinn eines so langen und komplizierten Werks zu erfassen. Dies allein beweist schon, wie notwendig es ist, daß der Musikhörer etwas über die Grundbegriffe musikalischer Formen erfährt. Eine Ahnung von den Grundformen der Komposition und aufmerksames, fleißiges Zuhören wird ihn vor der Gefahr der Verwirrung bewahren, wenn in einer Aufführung etwas ganz unerwartet Neues zu hören ist. Denn sogar in hypermodernen Kompositionen – vielleicht mit Ausnahme der elektronischen Musik – werden im allgemeinen die guten alten Grundregeln des Musikschaffens berücksichtigt. Sobald der Hörer imstande ist, die Themen Beethovens zu erkennen und zu behalten, wird ihm auch das Verständnis für Bartók eröffnet sein. Von einer Beethovensonate kann man nämlich dasselbe sagen wie von einer Sonate Bartóks: Es ist herrliche Musik, und es ist Musik, die den Gesetzen gehorcht.

Ein Faktor wird dem Leser bei den bisher umrissenen Werken merkwürdig vorkommen: Der Entwurf oder die ‹Form›, die jeden einzelnen Satz einer Sonate oder Symphonie kennzeichnet, scheint logisch zu sein, doch bei dem Werk als Ganzes scheint die Form zu fehlen. Es sieht vielmehr aus, als hätten wir eine Art Klavier- oder Orchesterprogramm vor uns, das aus drei oder vier Musikstücken in absichtlichem Kontrast zusammengestellt ist. Mit anderen Worten, man könnte sich fragen, ob die ‹Eroica› von Beethoven ein einziges Musikstück ist oder ob es vier Stücke sind. Die Antwort könnte lauten, daß zunächst einmal zwischen den Tonarten der einzelnen Sätze eine Beziehung besteht: Jede Symphonie oder Sonate beginnt und endet in der gleichen Tonart, und die Mittelsätze stehen in verwandten Tonarten, die wir auch als solche empfinden. Zweitens ist festzustellen, daß zwischen Stil und Gefühlsgehalt ein Zusammenhang zu spüren ist, oder zu spüren sein sollte. Als drittes kann man hinzufügen, daß das Themenmaterial jedenfalls Ähnlichkeiten aufweist, die zwar in den bisher erwähnten Werken nicht immer als bewußte Absicht der Komponisten erkennbar sind. Bei sorgfältiger Untersuchung werden aber diese Ähnlichkeiten sowohl in der ‹Pathétique› als auch in der ‹Eroica› zu finden sein.

Abgesehen von diesen Zusammenhängen kann man, offen gesagt, darüber diskutieren, ob solche Werke tatsächlich Gesamtkunstwerke darstellen oder ob wir nicht vielleicht mehr aus Konvention und alter Gewohnheit als durch kritisches Kunstverständnis dazu neigen, sie als solche anzusehen.
Spätere Komponisten scheinen die lockere Verbindung der Sätze miteinander immer häufiger als Fehler betrachtet zu haben, und mit der Zeit wurde es üblich, die Sätze eines Werks durch Verwendung von genügend wirklich gemeinsamem Material zu vereinen.

Nehmen wir als Beispiel den Aufbau der großartigen Ersten Symphonie von Edward Elgar.

Elgar, Symphonie in a-Moll

1. Satz. Einer langsamen, ausdrucksvollen Einleitung folgen schnell bewegte Passagen - oft tieftraurig und herzergreifend, aber mit einem jubelnden Schluß.
2. Satz. Eine Art Scherzo mit häufigem Stimmungswechsel.
3. Satz. Ein echt empfundener, tief bewegender langsamer Teil.
4. Satz. Eine langsame Einleitung, gefolgt von einem sorgfältig und subtil ausgearbeiteten schnellen Satz.
Wie bereits erwähnt, ist der Unterschied zum ‹Beethovenplan› hier nicht sehr groß, und in diesem Sinn ist die Elgar-Symphonie tatsächlich eine Beethoven-Symphonie, nur für ein größeres Orchester und dazu mit einer noch ausgeprägteren Neigung als bei Beethoven, eine einzige Melodie, wie er sie in früheren Werken als Thema verwendete, durch eine Gruppe von zwei oder drei Melodien zu ersetzen; außerdem komponierte Elgar natürlich in dem seiner Zeit entsprechenden moderneren Stil. Wenn man aber dann das Werk hört, oder die Partitur liest, bemerkt man sofort eine größere Einheitlichkeit, die - wie sich bei näherer Prüfung herausstellt - durch eine bestimmte, das ganze Werk verbindende Gemeinsamkeit des thematischen Materials erzielt wurde. Man entdeckt, daß die langsame Einführungsmelodie bereits das ‹Hauptthema› ist, das den ersten Satz beginnt und den letzten beschließt, und daß durch die ganze Symphonie hindurch Anklänge an dieses Thema zu hören sind. Es ist nicht nur ein formales Verbindungsglied, sondern auch ein gedankliches und gefühlsmäßiges. Man spürt, wie die Symphonie aus diesem Keim herauswächst. Die Hauptthemen des zweiten und dritten Satzes sind tatsächlich die gleichen, nur in zwei verschiedenen Formen, und es ist charakteristisch, daß diese beiden Sätze, der Anordnung des Komponisten entsprechend, ohne Unterbrechung zu spielen sind. Es

gibt noch mehr Zusammenhänge. In der Symphonie und in der Sonate von Beethoven können wir feststellen, daß jeder *Satz* darin für sich organisch ist; die Elgar-Symphonie hingegen ist als *ganzes Werk* organisch. Dieses Zusammenfassen eines ganzen Werks ist zweifellos für die neuere Musik kennzeichnend. Wagner machte mit ungefähr ähnlichen Mitteln aus seinen Opernpartituren ein zusammenhängendes Ganzes.

Zum Abschluß dieses Kapitels noch einige Worte darüber, ob und wie sich der interessierte Musikfreund auf den Besuch eines Konzerts vorbereiten kann. Hat er die Noten der Werke, die zur Aufführung kommen werden, zur Verfügung und kann er sie lesen, um so besser. Er versucht daraus etwas von der Art der Musikstücke zu erkennen, die verschiedenen Themen und deren Verarbeitung herauszufinden und sich die einzelnen Sätze der Werke mit ihrer Vortragsbezeichnung in der richtigen Reihenfolge einzuprägen. Das Anhören der Musikstücke von Schallplatten ist ebenfalls eine ausgezeichnete Vorbereitung auf einen Konzertbesuch. Dann im Konzert läßt man am besten das gedruckte Programm, nachdem man es gelesen hat, im Schoß liegen und verläßt sich auf seine mehr oder weniger entwickelte Musikalität, seine Ohren und seinen Verstand, um die Musik mit möglichst viel Freude zu genießen.
Wir haben uns bisher ziemlich eingehend mit der ‹Form› der Musikwerke befaßt, doch darf der Leser nicht meinen, daß der Wert einer Komposition einzig und allein von ihrer Form abhängt. Die Form ist nur *eines* von allen Mitteln, die dem Komponisten zur Verfügung stehen und deren man sich bewußt werden sollte. Denn oft führt das Verständnis für die vom Meister angewandten Mittel dazu, auch seine Ziele zu verstehen. Aber die Musik selbst ist es, die uns überzeugen muß.

8 Was versteht man unter einer Fuge?

Zum echten Musikverständnis gehört es unbedingt, zu wissen, welche Bedeutung der ‹Fuge› in der Kompositionstechnik zukommt, denn sie ist eine der wichtigsten und höchstentwickelten Formen der Komposition mehrstimmiger Musikwerke. Die Fuge, obwohl ursprünglich nur eine instrumentale Form, ist ein Musikstück mit einer festgelegten Stimmenzahl. Es gibt zwei-, drei-, vier- und fünstimmige Fugen, auch Fugen mit noch mehr Stimmen. Der Name ‹Fuge› – vom lateinischen Wort ‹fuga› stammend – bedeutet ‹Flucht›, und tatsächlich scheint in der Fuge eine Stimme vor der andern zu fliehen.

Die Fuge ist eine dreiteilige Form mit einer meistens kurzen Coda. Das Hauptthema nennt man ‹Führer› (oder lateinisch ‹Dux›), und dieses wird von der beginnenden Stimme zuerst allein vorgetragen; darauf setzt eine zweite Stimme ein mit der ‹Antwort›, auch ‹Gefährte› (lateinisch ‹Comes›) genannt. In der Regel bringt die dritte Stimme wieder den ‹Führer›, die vierte den ‹Gefährten› usw. Das einmalige Durchlaufen des Hauptthemas durch alle Stimmen nennt man ‹Durchführung›, und die erste Durchführung nennt man auch ‹Exposition›, weil darin gewöhnlich bereits das gesamte motivische Material der Fuge vorgestellt wird. Wir sehen, daß wir in der Fuge die gleichen Benennungen verwenden wie in der Sonatenform, und wie bei dieser kommen wir im dritten Teil zu einer ‹Reprise›, in der das in der Durchführung bearbeitete, verkleinerte, transponierte Thema wieder in seiner ursprünglichen Form erscheint.

Die alte Regel von ‹Vielfalt und Einheit› tritt wie in jedem anderen Musikstück auch in der Fuge in Kraft; zur Abwechslung finden wir darin kurze Passagen, die zwischen die einzelnen

Durchführungen eingeschoben sind, ‹Episoden› genannt, nach denen wir bereit sind, wieder zu unserem Thema zurückzukehren. Nachdem wir nun die musikalische ‹Form› genau betrachtet haben, kommen wir zur Erkenntnis, daß die ‹Vielfalt› in der Musik zweierlei Bedeutung haben kann: einmal Vielfalt des Materials oder dessen Behandlung, sodann Vielfalt der Tonarten. In den Episoden einer Fuge finden wir vielfältiges Material mit vielfältiger Behandlung, aber auch Modulationen in andere Tonarten. Nach einer solchen Modulation setzt das Thema in einer oder in mehreren Stimmen, jetzt in der neuen Tonart wieder ein. Bei der Fuge hat der Komponist Gelegenheit zu allerhand kontrapunktischen Künsten. Je interessanter und abwechslungsreicher das Thema verarbeitet wird, desto wirkungsvoller ist die Fuge.

Johann Sebastian Bach hat zwei unvergängliche Werke komponiert. ‹Das wohltemperierte Klavier› (dieser Titel stammt aber nicht von Bach selbst), ein Werk, das aus 48 Präludien und 48 Fugen besteht, in denen er sämtliche Dur- und Molltonarten verwendet hat und damit das System in seinem ganzen Umfang darlegte. Seine zweite berühmt gewordene Komposition auf diesem Gebiet heißt ‹Die Kunst der Fuge› und enthält 15 Fugen und 4 Kanons über ein und dasselbe Thema. (‹Kanon› nennt man die Musikform, in der eine Melodie der Reihe nach mehrere Stimmen durchläuft; aus dem Kanon hat sich die Fuge entwickelt.)

Eine Fuge kann mit mancherlei Kunstgriffen gebaut sein, ihre wesentlichen Merkmale haben wir jetzt beschrieben. Es gibt aber auch Fugen, darunter sogar sehr berühmte, die nicht alle der genannten Bedingungen erfüllen. So hat, zum Beispiel, die erste der erwähnten 48 Fugen von Bach keine Episoden, sondern sie besteht aus einer Reihe von Einsätzen, einem nach dem andern.

Betrachten wir nun noch die weniger wesentlichen, aber doch recht häufig verwendeten Aufbaumittel einer Fugenform.

Das Kontra-Subjekt

So nennt man in der Fuge den Kontrapunkt, den die erste Stimme ausführt, während die zweite erstmalig den ‹Gefährten› vorträgt; wenn dann die dritte Stimme einsetzt, übernimmt die zweite diese Gegenmelodie (das Kontra-Subjekt) und so fort. Ein einfaches Schema soll dies erläutern; wir nehmen an, daß die höchste Stimme eröffnet und daß die Grundtonart der Fuge C-Dur ist.

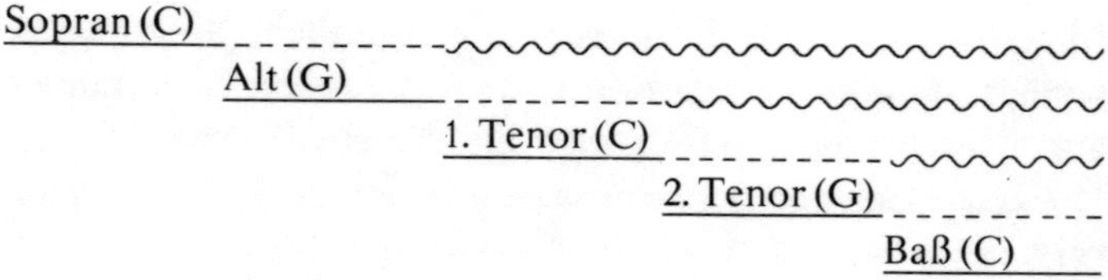

Die feste Linie gibt das Thema (den ‹Dux›) oder die Antwort (den ‹Comes›) an, die punktierte Linie das Kontra-Subjekt und die Wellenlinie zeigt einfach die Fortsetzung an, in der sich die Stimmen behaupten, nachdem sie ihre eigentliche Botschaft verkündet haben.
Zum sicheren Verständnis einer Exposition machen wir noch ein Schema, diesmal eine vierstimmige Fuge in E-Dur.

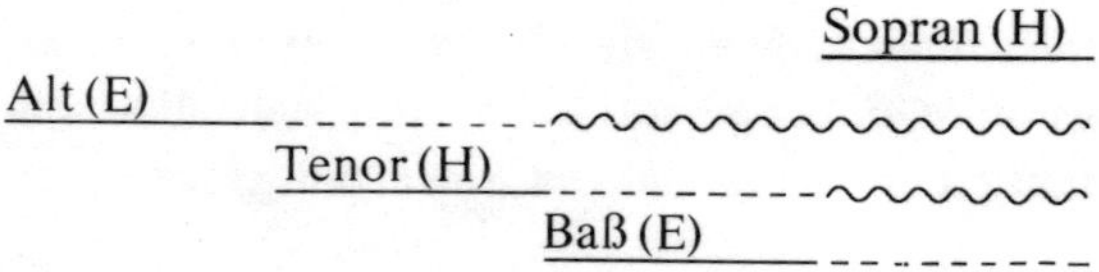

Stretto

In manchen Fugen greifen die Einsätze der Themen übereinander, und dies sieht schematisch so aus:

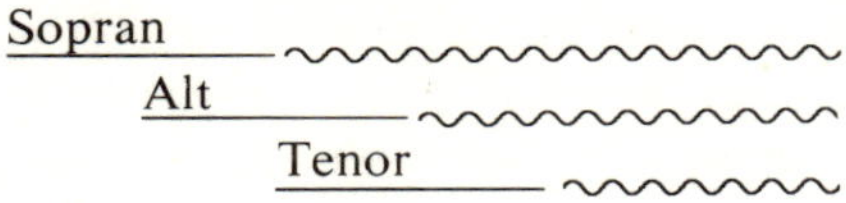

Diese Art nennt man ‹Stretto›, was soviel heißt wie ‹Engführung› und unverkennbar zur Erhöhung der Spannung dient. Stretti findet man gewöhnlich gegen Schluß der Fugen, aber Bach hat sich an keinerlei Regel oder Leitfaden gehalten, und die erste seiner erwähnten ‹48 Fugen› ist durchwegs voller Stretti.

Vielen Fugen geht ein einführendes Stück voraus, im allgemeinen als ‹Präludium› gesetzt, ein Satz, der aus einer einzigen musikalischen Idee oder einem ‹Motiv› entwickelt ist. Es gibt auch kurze Passagen im Fugenstil, genannt ‹Fugato›, die in Sonaten oder Symphonien nicht ungewöhnlich sind. Eine der Variationen im letzten Satz der ‹Eroica› von Beethoven, die wir im vorigen Kapitel analysiert haben, ist ein etwas frei komponiertes ‹Fugato›.

Über die Fuge sind ganze Bücher geschrieben worden, doch dem musikalischen Laien können die hier gegebenen Erklärungen schon recht gut weiterhelfen. Wenn er sich zusätzlich Schallplatten und Radiosendungen von Werken, in denen Fugen vorkommen, anhört oder sich Fugen von Bach und anderen am Klavier vorspielen lassen kann; wenn er sich durch öfteres Zuhören übt, die Themen, die Stimmen, den ganzen Aufbau einer Fuge zu erkennen, wird er genügend informiert sein.

Jedenfalls weiß er dann, daß eine Fuge aus ‹Stimmen› besteht und auf einem kleinen melodischen ‹Thema› aufgebaut ist. Mit einer solchen intellektuellen Vorbildung wird er aber auch den Weg zu dem inneren Gehalt besser finden (denn außer einer genialen Konstruktion besitzt eine gute Fuge auch Gefühlsinhalt), so daß er jedes Konzert mit vertieftem musikalischen Verständnis verfolgen und genießen kann. Hoffentlich antwortet er dann auf die Frage «Was ist eine Fuge?» nicht mit derselben Beschreibung, die Robert Schumann einmal von irgendjemandem bekommen haben soll: «Eine Fuge ist eine Komposition, in der eine Stimme der andern davonläuft, und der Zuhörer zu allererst.»

9 ‹Programmusik›

Musik, die – über den rein musikalischen Inhalt hinaus – sich noch die Aufgabe gestellt hat, außermusikalische Vorgänge zu schildern, eben ein ‹Programm›, nennt man ‹Programmusik› oder auch ‹Tonmalerei›.

Das Programm kann seinem Wesen nach ganz verschieden sein. Es können ihm eine abstrakte Idee, Naturereignisse, eine historische Tat, eine bestimmte Persönlichkeit und noch viele andere Themen zugrunde liegen. Der Gedanke der Programmmusik ist schon sehr alt; er steht im Gegensatz zur ‹absoluten› Musik, in der nur musikalische Gesetze herrschen und Melodie, Harmonie, Rhythmus oder Klangfarbe keinerlei Nebenbedeutung haben.

Eine Fuge von Bach oder eine Symphonie von Mozart sind absolute Musik, während in der 6. Symphonie von Beethoven schöne Beispiele von Tonmalerei vorkommen. Ursprünglich hat der Komponist dem ganzen Werk den Titel «Sinfonia Pastorale oder Erinnerungen an das Landleben» gegeben und die einzelnen Sätze mit folgenden Überschriften versehen: «I. Angenehme heitere Empfindungen, welche bei der Ankunft auf dem Lande im Menschen erwachen, Allegro, ma non troppo; II. Szene am Bach, Andante molto mosso, quasi Allegretto; III. Lustiges Zusammensein der Landleute, Allegro; IV. Donner, Sturm, Allegro; V. Hirtengesang. Wohltätige, mit Dank an die Gottheit verbundene Gefühle nach dem Sturm, Allegretto.»

Allerdings schrieb Beethoven zum Titel seines Werks noch dazu: «Mehr Ausdruck der Empfindung als Malerei.» Damit distanzierte er sich entschieden von Kompositionen anderer Musiker, denen es vor allem auf die tonmalerische Wirkung ankam und nicht wie bei Beethoven doch mehr auf den formalen, musikalischen Gehalt. Während es die Komponisten früherer Programmusik hauptsächlich darauf anlegten, durch ihre Instrumente bestimmte Töne nachahmen zu lassen, hat Beethoven sich in seiner «Pastorale» damit auf wenige Stellen beschränkt: zum Beispiel im zweiten Satz, wo der ruhig dahinfließende Bach angedeutet ist und wir am Schluß den scherzhaft gemeinten Dialog von Vogelstimmen hören; oder dann im dritten Satz in der stilisierten Nachahmung von Regen, Sturm und Gewitter. Beethoven schildert hier mit seiner Musik nicht nur die Naturphänomene, sondern er verwendet sie auch als Ausdrucksmittel menschlicher Empfindungen. Wie sehr es ihm darum zu tun war, noch mehr als um die Tonmalerei, ersieht man aus den Bemerkungen, die er in seine Kompositionsskizzen geschrieben hat; da steht unter anderem etwa: «Man überläßt es dem Zuhörer, die Situationen herauszufinden», oder: «Man kann sich ohne viel Überschriften selbst denken, was der Komponist will.» Und: «Jede Malerei, nachdem sie in der Musik zu weit getrieben ist, verliert.» Auch Joseph Haydn bringt in seinen Oratorien «Die Schöpfung» und «Die Jahreszeiten» Schilderungen von Naturereignissen, doch hat sich in diesen streng formalistischen Zeiten die Tonmalerei der musikalischen Grundidee untergeordnet, so daß das ‹Programm› nicht zum Selbstzweck wurde und die Werke volle Gültigkeit haben, auch wenn man sie nicht als ‹Programmusik› auffaßt.

Anders wird es im romantischen 19. Jahrhundert. Jetzt tritt häufig das Malerische, Schildernde derart in den Vordergrund, daß die Form sich unterordnet. Diese Art von Programmusik kann eben nicht als höchste Kunstform betrachtet werden, da das Werk allein nicht bestehen kann; es muß ihm ein beschreibender Titel verliehen oder tatsächlich ein ‹literarisches Programm› vorangesetzt werden, um es ganz verständlich zu machen und zur vollen Wirkung zu bringen.

Liszt definierte ein solches literarisches Programm folgendermaßen:
«Jedes Vorwort in verständlicher Sprache, das einem Stück reiner Instrumentalmusik vorangesetzt wird, welches den Zuhörer vor einer eigenmächtigen Interpretation bewahren und seine Aufmerksamkeit zum voraus auf die poetische Idee des ganzen Werks oder eines Teils davon lenken möchte, ist das ‹Programm› eines Musikwerks...» Und weiter: «Es hat keinen anderen Zweck, als vorbereitend die geistigen Momente anzuzeigen, die den Komponisten zu seiner Schöpfung veranlaßt haben, die Gedanken, die er in sie hineinzulegen versucht hat...»
Liszts ‹Programm›, das er mit seinen Stücken veröffentlichte, bestand aus einem längeren Vorwort, manchmal aus einem Gedicht. Am Anfang der Partitur seiner symphonischen Dichtung «Ce qu'on entend sur la montagne (Bergsymphonie)» ist das Gedicht, auf dem sie beruht, «Les Feuilles d'Automne» von Victor Hugo, zur Gänze abgedruckt. Ein anderes Werk von Liszt, «Les Préludes» nach einem Gedicht von Lamartine (aus dessen «Méditations Poétiques»), wird von einer Inhaltsangabe dieses Gedichts eingeführt. Andere seiner Werke, wie «Hamlet» oder «Hungaria», hat Liszt hingegen mit keinem gedruckten ‹Programm› versehen, wohl in der Annahme, die Titel allein würden genügend Aufschluß geben.
Richard Strauss hat seiner Tondichtung «Tod und Verklärung» ein gedrucktes ‹Programm› vorangesetzt, dasselbe tat César Franck bei seiner Symphonie «Le Chasseur maudit», und vor der symphonischen Dichtung von Saint-Saëns «La danse macabre» steht auch ein Gedicht.
Um die «Froissart-Ouverture» von Elgar würdigen zu können, sollte man eine Passage aus Scott's «Old Mortality» kennen und auch etwas über den französischen Dichter Jean Froissart

wissen. Bei «Romeo und Julia» oder «Der Sturm» von Tschaikowsky wird vorausgesetzt, daß der Zuhörer mit Shakespeare vertraut ist.
Tschaikowsky schrieb über Programmusik:
«Im engeren Sinne bezeichnet dieses Wort eine solche symphonische oder - ganz allgemein - instrumentale Musik, die ein bestimmtes Thema darstellt, welches dem Publikum in einem Programm unter einem kennzeichnenden Titel beschrieben wird...» - «Ich glaube, daß die Inspiration des Komponisten sowohl subjektiv als auch objektiv sein kann. Im ersten Fall drückt er seine persönlichen Gefühle von Freude oder Trauer mit der Musik aus, ähnlich wie ein lyrischer Dichter seine Empfindungen in seinen Gedichten ausspricht. Hier ist ein geschriebenes Programm nicht nur unnütz, sondern sogar unmöglich. Anders ist es, wenn sich der Musiker beim Lesen eines dichterischen Werks oder beim Anblick einer schönen Landschaft begeistert und dazu inspiriert wird, das ihn lockende Thema musikalisch darzustellen. In diesem Fall ist das geschriebene Programm unentbehrlich.»
Tschaikowsky geht so weit zu erklären, er bedaure, daß Beethoven nicht einige seiner Sonaten mit etwas wie einem Programm versehen habe, und er erinnert daran, daß der Meister selbst zu einem seiner Freunde geäußert hätte, er habe vor seinem geistigen Auge ein Bild, wenn er komponiere.
Die Formen von Programmusik unterscheiden sich notgedrungen in den großen Linien von denen anderer Werke, wie etwa einer Sonate oder einer Symphonie. Der Komponist, der ein historisches Ereignis oder seine Empfindungen vor einem großartigen Gemälde oder einer Naturszene musikalisch darstellen will, kann sich dabei nicht immer an eine Form von drei oder vier Sätzen halten oder sich auf zwei bestimmte Themen beschränken, die er in einer ‹Exposition› vorstellt, in einer ‹Durch-

führung› ausarbeitet und in einer ‹Reprise› wiederholt. Es kommt jetzt ein loseres Schema zustande, in dem das hauptsächliche künstlerische Prinzip der ‹Einheit und Vielfalt› zwar beachtet wird, jedoch ohne eine bestimmte ‹Form›. Wir finden nun häufig anstelle der Symphonie neuere große Orchesterwerke in der Gestaltung sogenannter ‹Tondichtungen› oder ‹Symphonischer Dichtungen›.

Hector Berlioz legte seinen Tondichtungen eine, wie er es nannte, «idée fixe» zugrunde, eine Melodie, die eine bestimmte Person darstellt und in veränderter Form das ganze Stück hindurch immer wieder erscheint. In seinem symphonischen Werk «Harold in Italien» ist ein kleines Motiv, das die Persönlichkeit Harolds darstellt, wiederholt zu hören.

Franz Liszt benutzt eine Anzahl von Themen, welche die außergewöhnlichen charakteristischen Eigenschaften einer bestimmten Person hervorheben. In seiner «Faust-Symphonie» bringt er ‹Motive›, welche Meditation, Seelenkämpfe, Liebessehnsucht, jubelnde Begeisterung, und so weiter ausdrücken. Es gibt da ‹Faust-Motive›, ‹Margarethe-Motive›, durch deren ‹Transformation› er das Spiel der Figuren miteinander und die allmähliche Veränderung einer Persönlichkeit darstellt.

Aus allem, was wir über die Programmusik gesagt haben, wird ersichtlich, daß darin die Themen ähnlich behandelt werden wie in den Durchführungsabschnitten einer Sonate oder einer Symphonie. In der Tat haben die Komponisten neuerer Tondichtungen die technischen Fähigkeiten, musikalisches Material zu formen und umzugestalten und damit das wechselnde Spiel der Empfindungen wiederzugeben, den Meistern früherer Zeiten zu verdanken, welche die Verarbeitung der Themen in ‹Variationen›, in den ‹Zwischenspielen› der Fuge, in den ‹Durchführungen› und ‹Überleitungen› der Sonatenform ausführten.

Man kann wohl annehmen, daß der Zuhörer, der den einfachen früheren Formen bis zu einem gewissen Grad zu folgen gelernt hat, nun auch die komplizierteren Formen der neueren Musik besser verstehen wird. Der Konzertbesucher, der aber nicht die Gabe hat, die technischen Vorgänge in der Programmusik zu erfassen, tut am besten daran, vor dem Konzert die literarischen Erklärungen einer Tondichtung durchzulesen und sich während der Aufführung seinen eigenen poetischen Vorstellungen hinzugeben.

Man muß offen zugeben, daß unsere Betrachtungen in diesem Kapitel über ‹Programmusik› keineswegs vollständig sind. Aber dasselbe muß man von jedem einzelnen Thema in allen Kapiteln dieses Buches sagen. Die Erklärung dafür ist natürlich die, daß sein beabsichtigter und sorgfältig begrenzter Zweck darin besteht, dem interessierten Laien das Mindestmaß an nötigem Wissen zu vermitteln, das ihm in *seinem* Bereich der Kunst Erfolg beschert – der ‹Kunst des Zuhörens›.

10 Lied, Oratorium und Oper

Musik, die von einem Text oder von Text und Handlung begleitet ist, trägt ihre Erklärung naturgemäß in sich selbst. Dieses Kapitel kann deshalb ganz kurz sein.

Das Lied. Wir können sagen, daß es zwei Gruppen von Liedern gibt. In der einen haben wir eine kurze Melodie, die dem Leitgedanken des vertonten Gedichts entspricht und die zu jedem Vers, das heißt in jeder Strophe wiederholt wird. In der zweiten Gruppe sind es Lieder, deren Vertonung sich vom Anfang bis zum Ende dem wechselnden Charakter des Textes anpaßt. In beiden Fällen, insbesondere im zweiten, ist es die Hauptaufgabe des Zuhörers, den Text des Gedichts aufmerksam zu lesen, den Inhalt in sich aufzunehmen und sich dann dem Genuß der musikalischen Interpretation hinzugeben. Dem Liedgesang kommt im Musikleben eine ganz bedeutende Rolle zu, und die größten Komponisten haben auf diesem Gebiet herrliche Werke geschaffen. Der höchste Aufschwung des Sololieds erfolgte in der Zeit der Romantik, in der Franz Schubert als der ‹Vater des Lieds› bezeichnet wird. Er war es, der dem Lied seine drei Grundlagen gab: die gesungene Melodie, den sinnvoll verwerteten Text und die tonmalerische Klavierbegleitung. Zu den berühmtesten Liederkomponisten gehören seit Schubert Schumann, Mendelssohn, Liszt, Brahms, Wolf, Wagner, Strauss, um nur einige der deutschen Meister aufzuzählen. Die Liste wäre endlos, wollte man noch die Russen, Franzosen, Italiener und Spanier alle namentlich erwähnen.

Oratorium und Oper. In einer Beziehung gleichen die Werke dieser musikalischen Kunstgattungen einander – keine der bei-

den hat eine ‹Form›, sondern man kann sie eher als eine Sammlung von Stücken in verschiedenen Formen beschreiben. Sowohl Opern als auch Oratorien beginnen im allgemeinen mit einer instrumentalen Ouverture, die häufig in Sonatenform komponiert ist oder auch, besonders in früheren Werken, zum Teil in Fugenform. Zwischen die gesungenen Arien können kurze Instrumentalstücke eingeschoben sein; diese und auch die Arien stehen manchmal in der beschriebenen ‹einfachen dreiteiligen Form›. Vor den Arien oder den Vokal-Ensembles (Duette, Terzette, Quartette usw.) und auch zwischen den Instrumentalabschnitten hören wir oft sogenannte ‹Rezitative›. Das ist der Fachausdruck für den Sprechgesang, der keine eigentliche Melodie hat, sondern nur mittels seiner Rhythmen und Modulationen dramatisch wirkt und dazu beiträgt, die Handlung der Opern und Oratorien verständlich zu machen. In den Opern früherer Jahrhunderte, zum Beispiel in denen von Mozart, werden die Rezitative nicht vom Orchester, sondern vom Cembalo allein begleitet, was den literarischen Inhalt der Stücke von ihrem musikalischen streng trennt. Über das später entstandene vom Orchester begleitete Rezitativ gelangte man dann zum eigentlichen Wagner-Stil, der auf weite Strecken ein Sprechgesang ist, hauptsächlich in Wagners späteren Opern.
Auch Chöre gibt es in der erwähnten dreiteiligen Form (besonders in frühen Oratorien) oder auch in Fugenform.
Um seine hohen künstlerischen Absichten zu bekunden, nannte Richard Wagner seine späteren Vokalwerke nicht mehr Opern sondern ‹Musikdramen›. In seiner großen Tetralogie, vier Dramen, die unter dem Titel «Der Ring der Nibelungen» bekannt ist, dreht sich die ganze Handlung um einen Fluch, der einem bestimmten Ring anhaftet; die einzelnen Dramen tragen die Titel «Das Rheingold», «Die Walküre», «Siegfried» und «Götterdämmerung». Während des ganzen Werks kehrt das

unheildrohende ‹Ring-Motiv› immer wieder, sei es als Warnung vor kommendem Verderben, sei es als Mahnung an die Ursache eines eben geschehenen Unglücks. In der Partitur des ganzen «Rings» finden wir die an die handelnden Personen gebundenen ‹Leitmotive›, die zusammen mit den Sprechgesängen in Wagners Werk zu wunderbar anschaulichem Material musikalischen Ausdrucks werden.

Das Oratorium ist eine Schwesterform der Oper und auch darin kommen Rezitative vor; zum Beispiel in den Partien des Evangelisten in der «Matthäuspassion» von Johann Sebastian Bach.

‹Leitmotive› finden wir auch im Oratorium von Elgar «Der Traum des Gerontius», und sie verknüpfen sich hier mit Gedanken an Schlaf, Angst, Verurteilung und so weiter. Elgars Partitur besteht ebenfalls aus wunderschön verflochtenem musikalischem Material, in das die Motive wie Figuren in einen Teppich eingearbeitet sind.

Dem Publikum einer Wagneroper oder eines Elgaroratoriums geht oft viel verloren, weil ein Teil dieser Zuhörerschaft gar nichts von ‹Leitmotiven› weiß, und ein anderer Teil sich mit der Jagd nach diesen Motiven während der Aufführung beschäftigt; diese Art von detektivischem Sport mag solchen gewissenhaften Menschen vielleicht Genugtuung bereiten, doch der wahre künstlerische Genuß kommt bestimmt dabei zu kurz. Am besten dran sind diejenigen Zuhörer, die sich vor der Aufführung mit den Hauptmotiven des Werks vertraut gemacht haben, um sie, wenn sie auftauchen, zu erkennen; ihre Freude an der Musik ist damit am wenigsten belastet.

Immer wieder ist davon abzuraten, sich den rein musikalischen Genuß durch allzu großen technischen Eifer zu vergällen. Wer nicht genügend Kentnisse besitzt, um die Noten eines Klavierauszugs oder einer Partitur zu lesen, kann sich auf eine Aufführrung nur so vorbereiten, daß er vorher den Text des Musikdramas oder des Oratoriums liest und dadurch den literarischen Inhalt des Werks kennenlernt. Wenn er sich die Musik auch noch auf Schallplatten anhören kann, um so besser. Hat er sich auf diese Weise in die Gedanken, die den Komponisten zu seinem Werk inspirierten, versenkt, wird es ihm schließlich auch gelingen, die Grundideen des musikalischen Inhalts zu verstehen.

11 Das Orchester und seine Instrumente

Die Freude eines Laien beim Betrachten eines Gemäldes wird in erster Linie davon abhängen, ob er fähig ist, die Schönheit von Linien und Formen zu erkennen, dann ob er die Gabe besitzt, die Harmonie der Farben zu sehen, und schließlich, ob er imstande ist, das ‹Sujet›, wo es eines zu erkennen gibt, zu verstehen. Jedenfalls aber sollte er nachempfinden können, was den Künstler bewogen hat, gerade dieses Sujet zu wählen und es in einer bestimmten Weise zu malen.
Die Freude an einem Orchesterwerk hängt von etwa ähnlichen Fähigkeiten ab. Der Zuhörer sollte die Schönheiten der Melodien, der Harmonien sowie der ‹Form› erfassen, die Kunst der Orchestrierung verstehen, und als dritte Begabung des Musikhörers wäre wünschenswert, daß er, wie auch der Bildbetrachter, die Absichten des Komponisten nachempfinden kann.
Wir haben schon eine ganze Menge über die ‹Form› eines Musikstücks gesagt und auch auf den möglichen literarischen Inhalt eines Werks hingewiesen. Nun bleibt uns noch übrig, etwas über das Orchester, über die einzelnen Instrumente und über ihre Zusammenstellung im Orchester zu sagen. Die Verwendung der Instrumente in zahllosen verschiedenen Kombinationen verleiht dem Orchester das, was allgemein als ‹Klangfarbe› bezeichnet wird. Eine Beethovensymphonie, gespielt von einem ganzen Orchester, kann man mit einem prächtigen Gemälde vergleichen; dieselbe Symphonie, arrangiert für Klavier allein oder für zwei Instrumente, erinnert vielleicht an eine Radierung nach diesem Gemälde. Man könnte sich vorstellen, daß für einen Farbenblinden ein gemaltes Bild den gleichen Wert hat wie eine Radierung, und man könnte bezüglich Or-

chestermusik eine ähnliche Überlegung anstellen. Denn wenn es auch nur wenige oder vielleicht gar keine Menschen gibt, die für Klangfarben völlig ‹blind› sind, eine Anzahl von Musikhörern ist es bis zu einem gewissen Grad doch. Aber diese Krankheit ist wirklich heilbar, sofern der Patient den rechten Willen dazu hat.

Der Besucher eines Orchesterkonzerts, der die Kunst des Zuhörens erlernen möchte, beginne zunächst einmal damit, daß er die einzelnen Orchestermusiker beobachtet, wenn sie das Podium betreten. Er versuche zu erkennen, welche Instrumente sie tragen, achte darauf, wo sich jeder von ihnen niederläßt, und höre aufmerksam hin, wenn sie ihre Instrumente ‹einstimmen›. Schon dabei kann das versuchsweise ‹Kratzen› oder ‹Blasen› ihm einen Eindruck der Klangfarben vermitteln, die er dann während der Aufführung wiederzuerkennen trachtet. Von einem der meistens billigeren Plätze, nahe dem Orchester, werden ihm diese Beobachtungen am besten gelingen; er sollte sie oft genug wiederholen, um später einmal von einem besseren Platz aus die Wirkung des gesamten Orchesters mit Verständnis und Genuß zu erleben.

Der englische Schriftsteller Samuel Butler (1835–1902) berichtet in einem seiner bekannten «Notebooks» vom Besuch eines Blasorchesters, bei welchem er seinen Begleiter mit der Feststellung amüsiert habe, die Oboe sei eine Klarinette mit einer Erkältung im Kopf, und das Fagott dasselbe Instrument, aber mit einer Erkältung in der Brust. Man kann als gegeben annehmen, daß Butler in der Nähe des Orchesters gesessen hat; aus seiner nächsten Notiz geht hervor, daß dies tatsächlich zu seinen Gewohnheiten gehörte, sie lautet nämlich: «Gestern besuchten wir ein Konzert der Philharmoniker und saßen auf den billigen Orchesterplätzen, so daß wir sehen und hören konnten, was jedes Instrument machte.»

Eine der ersten Fragen, die ein begabter Orchesterzuhörer sollte beantworten können, wäre: «Was ist der Unterschied zwischen einer Oboe und einer Klarinette?» Man kann als ziemlich sicher annehmen, daß mindestens die Hälfte der regelmäßigen Konzertbesucher und noch mehr von den Leuten, die nur ab und zu in ein Konzert gehen, diesen Test nicht beständen; wären alle diese Menschen vom Konzertbesuch ausgeschlossen, dann gäbe es viele leere Plätze in den Konzertsälen.

Wir kommen darauf zurück, daß es nützlich ist, die Musiker mit ihren Instrumenten beim Betreten des Podiums zu beobachten; man wird dabei feststellen, daß es nicht Einzelpersonen sind, die miteinander nichts zu tun haben, sondern daß es Mitglieder dreier Familien sind - der Familie der Streicher, der Bläser und der Schlagzeuger.

Die verschiedenen Instrumentengruppen teilen wir also hier auch in ‹Familien› ein.

Streichinstrumente

Die Streicher sind die wichtigste Gruppe des Orchesters, und ihr Führer, der ‹Erste Geiger› oder ‹Konzertmeister›, kommt im Rang unmittelbar nach dem Dirigenten. Die Familie der Streichinstrumente besteht aus fünf Zweigen: die ersten Violinen (oder Geigen), die zweiten Violinen, die Violen (oder Bratschen), die Celli und die Kontrabässe.

Die **Viola** oder **Bratsche** hat ein etwas größeres Format als die **Violine** oder **Geige,** ist tiefer gestimmt als diese, und beide Instrumente werden auf dem Arm gespielt. Das **Cello** oder **Violoncello** wird vom sitzenden Musiker zwischen den Knien gehalten und so gespielt; das größte der Streichinstrumente, den

Kontrabaß spielt der Musiker entweder stehend oder auf einem sehr hohen Stuhl sitzend. Die ersten und die zweiten Geigen sind als Instrumente völlig gleich, sie spielen aber verschiedene ‹Stimmen›, während die Celli und die Bässe, besonders in älteren Werken, meistens die gleichen Stimmen nur in verschiedenen Tonhöhen spielen, so daß die Töne, die der Kontrabaß erzeugt, um eine Oktave tiefer klingen als die des Cellos.

Die Tonhöhe der Instrumente variiert im natürlichen Verhältnis zu ihrer Größe; die Geigen klingen am höchsten, die Kontrabässe am tiefsten, doch ihre Töne unterscheiden sich außerdem noch in der Klangfarbe. Die Bratsche besitzt einen weniger strahlenden, aber dafür volleren Ton als die Geige; deshalb dringt der Bratschenton in einem Orchester durch, wenn auch weniger Bratschen als erste und zweite Geigen mitspielen. Das Cello wieder hat seine eigene, sehr charakteristische Klangfarbe, die reich und voll ist. Töne lassen sich nicht mit Worten beschreiben, und das ist der Hauptgrund, aus welchem dem Leser empfohlen wurde, die Instrumente, wenn möglich, einzeln zu beobachten und anzuhören. Die Fähigkeit, den Klang eines Instruments zu erkennen, muß er sich selbst aneignen, kein Buch kann sie ihm beibringen.

Geige, Bratsche und Cello spielen auch öfter Solopartien innerhalb eines Orchesterwerks, während es im Vergleich dazu nur selten Soli für Kontrabaß gibt; dieses Instrument dient hauptsächlich dazu, den Harmonien Tiefe und Kraft zu verleihen.

Vergleicht man die Streicherfamilie mit einem Chor, könnte man sagen, daß die ersten und zweiten Geigen den Sopran- und Altstimmen entsprechen, die Bratschen den Tenor- und die Celli den Baßstimmen. Der Kontrabaß hat keine entsprechende Stimme im Chor, aber er nimmt den Platz der Orgelbegleitung in einem Kirchenchor ein, welche die Hymnenmelodie um eine Oktave tiefer spielt, als sie von den Baßstimmen gesungen wird.

Die Streicher sind die vielseitigsten Mitglieder des Orchesters. Mit ihren Instrumenten können sie so vieles vollbringen: Sie können ganz leise und auch sehr laut spielen; sie können ‹streichen› oder ‹zupfen› (‹pizzicato›); mittels eines kleinen Apparats (‹Sordine› oder ‹Dämpfer› genannt), den sie auf den Steg ihres Instruments setzen, können sie merkwürdig süße, gedämpfte Töne erzeugen. Wenn sie mit dem Bogen über die Saiten streichen und dabei mit den Fingern der linken Hand die Saiten fest niederdrücken, spielen sie glatte, gesangliche Melodien (‹Kantilenen›), legen sie aber die Finger nur sehr leicht auf die Saiten, kommen hohe, beinahe flötenartige Töne heraus, sogenannte Flageolett-Töne – ein besonderer Kunstgriff in der Virtuosenliteratur. Auf allen Streichinstrumenten kann man sehr schnelle Passagen, ausgehaltene Töne, einzelne Noten oder Akkorde spielen. Die Saiten brauchen keine Zeit, um Atem zu schöpfen, die auf ihnen erzeugten Töne können unbegrenzt und pausenlos lang sein, sie verschmelzen mit denen anderer Instrumente oder Stimmen, und ihr Klang läßt nicht wie bei diesen nach. Die Möglichkeiten und Eigenschaften der Streichinstrumente sind zahllos, sie bilden bei weitem den ausdrucksvollsten und wertvollsten Klangkörper innerhalb des ganzen Orchesters.

Holzblasinstrumente

Bei den Blasinstrumenten unterscheiden wir zwei Gruppen, die Holz- und die Blechblasinstrumente. Zur ersten Gruppe gehören die Flöten, Oboen, Klarinetten, Fagotte und alle Abarten davon; zum Teil sind diese Instrumente auch heute noch wirklich aus Holz angefertigt, manche sind jetzt aber aus Metall hergestellt, wie zum Beispiel die **Quer-Flöte.** Ihr Aussehen ist wohlbekannt und bedarf keiner näheren Beschreibung, aber ihr Klang sollte genau beachtet werden. Viele Leute erkennen sie nur, wenn ihre klaren hohen Noten ertönen, und wissen nicht, daß die Flöte in ihren tieferen Lagen satte, volle Töne mit vielen verschiedenen Klangfarben hervorbringt. Die **Piccoloflöte,** kurz das *Piccolo* genannt, ist einfach eine kleine Flöte, die um eine Oktave höher spielt als ihre größere Schwester. Man sagt ja, daß kleine Leute den größten Lärm machen, und so kann auch das winzige Piccolo, falls es in einem Stück vorgeschrieben ist, seine schrillen, hohen Töne über das ganze Orchester hinweg, in welchem gestrichen, geblasen und geschlagen wird, laut ertönen lassen.

In einem normalen, kleineren Orchester gibt es zwei Flötisten, von denen einer neben seiner großen Flöte ein Piccolo zur Hand hat, das er im Bedarfsfalle spielt.

Piccolo und Flöten

Die Flöte, eines der ältesten Instrumente der Welt, gehört ihrer Konstruktion und ihrer charakteristischen Klangmerkmale nach zur Gruppe der Holzblasinstrumente, obwohl sie heute fast immer aus Metall, häufig aus Silber oder Gold angefertigt ist. Die **Oboe** und die **Klarinette** sehen auf den ersten Blick ziemlich gleich aus, doch sind sie sowohl in der Konstruktion als auch im Klang ganz verschieden. Sie gehören beide zu den ‹Rohrblatt›-Instrumenten, wie man die Blasinstrumente mit sogenannten ‹Zungen› nennt. Man unterscheidet Instrumente mit ‹einfachem Rohrblatt›, zu denen die Klarinette und ihre Abarten gehören, während die Oboe und das Fagott durch ein Mundstück mit ‹doppeltem Rohrblatt› angeblasen werden. Die Flöte ist eine einfache Röhre, an der Tasten angebracht sind, mit denen die verschiedenen Töne erzeugt werden; Oboe und Klarinette hingegen besitzen an ihrem Mundstück abnehmbare Röhrchen, und mit diesen wird der eigentliche Ton erzeugt, der dann mittels des langen Rohrs und der Tasten verstärkt

Oboen

oder abgeschwächt wird. Die Oboe kann hell und durchdringend, doch auch anmutig klingen; im Gegensatz dazu ist der Ton der Klarinette viel üppiger; der Klangunterschied zwischen den beiden Instrumenten ist beträchtlich, und die Komponisten machen sich dies zunutze. Die Klangfarben der Klarinette in ihren verschiedenen Registern sind sehr veränderlich, worauf der Zuhörer möglichst achten sollte.

Eine Abart der Oboe ist das **Englischhorn,** dessen Name wohl irreführend sein kann, denn es ist weder ein ‹Horn›, noch hat es etwas mit England zu tun. Dieses Instrument hat sich aus der früheren ‹Oboe di caccia› entwickelt; wegen seiner Länge wurde das Rohr winkelartig geknickt, und so mag die Bezeichnung ‹englisch› auf ‹angle› (angulus) = der Winkel zurückgehen. Die Franzosen nennen dieses, auch als ‹Altoboe› (es ist tiefer gestimmt als die Oboe) bezeichnete Instrument ‹Cor Anglais›. Jetzt wird das Englischhorn aber allgemein gerade gebaut, und man kann es an seiner Ähnlichkeit mit der Oboe erkennen; es ist wohl länger als diese, und das Mundstück, welches das Rohrblatt trägt, ist gegen den Mund des Bläsers leicht gebogen.

Von links nach rechts: Baßklarinette, Klarinetten, Fagotte

Englischhorn

Das **Fagott** wäre, wenn man das Rohr auszieht, zu lang; deshalb ist es gegen sich selbst zurückgebogen, so daß es die Form von zwei Rohren hat, ein langes und ein kurzes, die nebeneinander liegen. Aus dem oberen Ende des kurzen Rohrs kommt ein zierlich gebogenes Mundstück heraus. Die zitierte Beschreibung des Fagott-Klangs, die der englische Dichter Butler in seinem «Notebook» gibt, ist zwar weder höflich noch erschöpfend, sie kann aber helfen, das Fagott zu erkennen. Das **Kontrafagott** ist ein Fagott größeren Umfangs und mit tieferem Klang als das Fagott. Auch die Klarinette gibt es in größerer Form - die **Baßklarinette.** Sie hat ein ähnlich gebogenes Mundstück wie das Fagott und am Ende des Rohrs einen metallenen Schalltrichter.

Blechblasinstrumente

Das **Horn** ist eine Art ‹Aushilfsmädchen›, manchmal ist es den Holzbläsern zugesellt, manchmal mit seinen eigenen Kollegen, den Blechblasinstrumenten vereint, zu denen es konstruktionsmäßig natürlich gehört; trotzdem muß es vom Standpunkt des Zuhörers aus gelegentlich den Holzblasinstrumenten zugeordnet werden. Das Horn ist als das gewundene Blech-Instrument leicht zu erkennen, das manchmal brüllt wie ein Löwe, ein anderes Mal nur gurrt wie eine Taube, und wenn es so tönt, kann es der wahre Poet des Orchesters sein. Das Rohr des Horns (in F) ist vier Meter lang – deshalb seine Windungen.

Die **Trompete** hat auch einen sehr charakteristischen Klang. In manchen kleineren Orchestern wird die Trompete durch das **Kornett** ersetzt, ein kleineres, der Trompete ähnliches Instrument, aber leichter als sie zu spielen; der Ton ist weniger edel, weshalb das Kornett auch nicht in einem Symphonie-Orchester verwendet wird.

Hörner

Trompeten

Die **Posaune** gibt es in verschiedenen Größen, am häufigsten findet man heute die *Tenorposaune* und die *Baßposaune,* während die *Altposaune* nur noch wenig gebräuchlich ist. Die **Kontrabaßposaune** kommt in Wagners «Ring» vor; in der Kirchhofszene von Mozarts «Don Giovanni» künden drei Posaunenstimmen dem Wüstling das kommende Verderben an.
Die **Baß-Tuba** ist das große, unbeholfene Blechblasinstrument, das mit einem breiten, nach oben gerichteten Trichter versehen ist.

Die ganze hier genannte Gruppe der Blechblasinstrumente kann man als selbständige Familie betrachten; das Volumen dieser Instrumentengruppe reicht von den höchsten Tönen der Trompeten bis zu den tiefsten der Tuba und in der Lautstärke vom leisesten Piano bis zum lautesten, durchdringenden Forte; wenn dazu aufgefordert, ist diese Gruppe fähig, einen vollständigen Klangkörper darzustellen – im großen Gegensatz zu den Holzbläsern und Streichern.

Schlaginstrumente

Zum wichtigsten Schlagzeug, das in einem symphonischen Orchester verwendet wird, gehören die **Kesselpauken,** auch nur *Pauken* genannt. Es sind halbkugelförmige Kupferkessel, über die ein Fell gespannt ist. Die Spannung, und damit die Stimmung der Pauke wird je nach den Erfordernissen eines Werks verändert, und zwar geschieht dies oft während der Aufführung. Man ersieht daraus, daß die Pauken vorgeschriebene Noten spielen und nicht wie die weniger raffinierten *großen* und *kleinen* **Trommeln** nur unbestimmte Töne erzeugen. Die Pauke hat nur ein Fell und wird mit einem gepolsterten Schlegel geschlagen, während die Trommeln zwei Felle haben und mit zwei unbekleideten Schlegeln geschlagen werden.
Im großen Orchester gibt es mindestens zwei Pauken (die von einem Mann gespielt werden), und der Komponist läßt diese meistens auf den ersten und fünften Ton – ‹Tonika› und ‹Dominante› – der Tonart, in der das ganze Stück geschrieben ist, einstimmen; die Pauken können deshalb nur dort mitspielen, wo es die Harmonien erlauben, während die Trommeln als bloße Lärmerzeuger überall mitmachen können.
Manchen Leuten geht damit, daß sie die weichen Passagen des Paukers nie heraushören, recht viel verloren; dieser kann oft, wenn der Komponist es anordnet, äußerst zart und poetisch spielen, aber er erhält dafür nur ganz selten Anerkennung.
Im nachklassischen Orchester, besonders in der Blasmusik,

Kontrabaßposaune (Tuba), Posaunen

verwendet man auch für einen lauten ‹Klangfarben-Klecks› die **Becken,** zwei große, tellerförmige Metallscheiben, die entweder aneinandergeschlagen oder mit einem einzelnen Schlegel angetönt werden, womit man verschiedene Effekte erzeugt. Hie und da wird im Orchester mit dem **Triangel** oder dem **Tamburin** ein freundliches ‹Geklingel› ausgeführt, zu welchen Instrumenten auch das **Glockenspiel** gehört; ursprünglich waren es kleine Glöckchen, die angeschlagen wurden, heute aber besteht dieses Musikgerät aus einer Kombination von Metallstäbchen, jedes auf einen anderen Ton gestimmt, die mit Klöppeln geschlagen werden. In dieser Kategorie von Instrumenten finden wir auch die **Glocken,** die im Orchester aber nicht in ihrer wahren Gestalt vorhanden sind, sondern durch lange, auf verschiedene Töne gestimmte Metallstäbe ersetzt sind, die an einem Gerüst hängen und mit Hämmern zum Klingen gebracht werden.

Von links nach rechts: Kesselpauken, Becken, Trommel, Glockenspiel

Die Harfe

Die *Harfe,* ein Saiteninstrument, das nicht zu den Streichinstrumenten gehört, weil die Saiten nicht gestrichen, sondern mit den Fingern gerissen werden, ist eines der ältesten Instrumente der Kunstmusik. Allerdings war die Harfe bis zum Anfang des 18. Jahrhunderts ein Instrument, das Modulationen in andere Tonarten nur schwer ausführen konnte, da die Stimmung der Saiten nicht dafür geeignet war. Nach verschiedenen Umbauversuchen gelang es Sébastien Erard die Harfe in der heutigen Form zu entwickeln. Sie hat sieben Pedale, die von beiden Füßen betätigt werden und die Stimmung der Saiten im Augenblick verändern können. Im klassischen Symphonie-Orchester wurde die Harfe nicht verwendet, doch in den späteren, romantischen Symphonien hat sie ihren Platz gefunden.

Weitere Instrumente sind im ‹Kleinen Fachwörter-Lexikon› am Schluß des Buches kurz erklärt.

Symphony Nº 103
(mit dem Paukenwirbel)

I

Joseph Haydn
1732-1809

Adagio

E.E. 3688

Ernst Eulenburg Ltd.,
London - Zurich -

12 Einige typische Orchesterbesetzungen

Das Haydn-Orchester – Spätes 18. Jahrhundert

In der Komposition von Orchestermusik herrscht ein ständiger Hang zur Erweiterung des Orchesters. Neue Instrumente werden eingeführt, von den bereits vorhandenen wird eine größere Anzahl gefordert.

Hier die klassische Orchesterbesetzung aus den Tagen Joseph Haydns, der zu Recht der ‹Vater der Symphonie› genannt wird. Es ist die Besetzung für seine «Symphonie mit dem Paukenwirbel», so bezeichnet nach dem Paukenwirbel, mit dem sie beginnt.

Holzblasinstrumente (8 Spieler)
2 Flöten
2 Oboen
2 Klarinetten
2 Fagotte
Blechblasinstrumente (4 Spieler)
2 Hörner
2 Trompeten
Schlagzeug (1 Spieler)
2 Pauken
Streichinstrumente
1. und 2. Violinen, Bratschen, Celli, Kontrabässe

Eine Erweiterung bringt

das Beethoven-Orchester – Frühes 19. Jahrhundert

Jeder Komponist verlangt in seinen Partituren unterschiedliche Besetzungen, doch ein typisches Werk von ihm gibt seine

Symphonie Nº 5.

L. van Beethoven, Op. 67.

Allegro con brio. (𝅗𝅥 = 108.)

E. E. 3602

durchschnittlichen Ansprüche an. Hier die Besetzung für die berühmte Fünfte Symphonie Ludwig van Beethovens.

Holzblasinstrumente (10 Spieler)
2 Flöten und 1 Piccolo
2 Oboen
2 Klarinetten
2 Fagotte
1 Kontrafagott
Blechblasinstrumente (7 Spieler)
2 Hörner
2 Trompeten
3 Posaunen (Alt-, Tenor- und Baßposaune)
Schlagzeug (1 Spieler)
2 Pauken
Streichinstrumente
Dieselben Instrumente wie bei Haydn, doch hatte Beethoven in jeder ‹Stimme› eine größere Anzahl von Musikern.

Wieder eine Erweiterung der Orchesterbesetzung finden wir im

Elgar-Orchester – Beginn des 20. Jahrhunderts

In der Symphonie No. 2 von Elgar haben wir folgende Besetzung:

Holzblasinstrumente (13 Spieler)
3 Flöten (1 Spieler spielt auch Piccolo)
2 Oboen
1 Englischhorn
1 Klarinette in Es
2 Klarinetten in B
1 Baßklarinette
2 Fagotte
1 Kontrafagott

SYMPHONY No. 2.

In E flat.

I.

Edward Elgar, Op. 63.

Printed by F.M. Geidel, Leipzig

Blechblasinstrumente (11 Spieler)
4 Hörner
3 Trompeten
3 Posaunen
1 Kontrabaßposaune
Schlagzeug (3 Spieler)
3 Pauken (1 Spieler)
1 kleine Trommel, 1 Tamburin (1 Spieler)
1 große Trommel, Becken (1 Spieler)
Gezupfte Saiteninstrumente (2 Spieler)
2 Harfen
Streichinstrumente
Dieselben Instrumente wie bei Beethoven, doch teilte Elgar nicht selten die ersten und die zweiten Violinen sowie die Bratschen und die Celli in je zwei ‹Stimmen› ein, wodurch sich zusammen mit den Kontrabässen neun Streicherparts ergeben. Es liegt auf der Hand, daß Elgar, auch um das Gleichgewicht mit der sehr verstärkten Bläsergruppe herzustellen, deshalb eine weit größere Streichergruppe als Beethoven brauchte.

Einige Ratschläge für den Konzertbesucher

Dem Orchester zuzuhören lernt man am besten, indem man zunächst versucht, sich Passagen zu merken, die von den verschiedenen Instrumenten allein zu hören sind: von den Streichinstrumenten, von den Holzblas- und Blechblasinstrumenten; diese Passagen prägt man sich so gut wie möglich ein, und vielleicht gelingt es dann auch wahrzunehmen, wo einzelne Instrumente im Kontrast zu anderen spielen, wenn zum Beispiel ein Teil der Melodie abwechselnd der Flöte, der Oboe und der

Klarinette anvertraut ist. Kurz gesagt, man bemüht sich zu hören, was gespielt wird und wer es spielt. Die Augen helfen dabei den Ohren. Mit der Zeit, und vielleicht schneller als erwartet, ist man so weit, manches zu erfassen, was einem bis dahin entgangen ist, und allmählich wird die Musik zu einem echten, genußreichen Erlebnis.

Die Anfangsstudien macht man besser bei Haydn als bei Beethoven, und danach wird man Beethoven zunächst leichter verstehen als Strauss oder Elgar. Als ‹Hörlabor› für die ersten Forschungsversuche wird vielleicht eine kleine Kurkapelle nützlicher sein als ein großes Orchester im Konzertsaal mit seinen drei- bis viermal sovielen Musikern. Man muß jede Gelegenheit wahrnehmen, die Instrumente allein spielen zu hören, so lernt man am besten, sie später im Zusammenspiel zu erkennen.

13 Die Reihe der Komponisten durch die Jahrhunderte

Was wir in der Musik *hören,* ist hauptsächlich das, was wir von ihr *erwarten.* Wenn jemand in ein Symphoniekonzert geht, ohne eine Ahnung davon zu haben, was eine Symphonie überhaupt ist, wird er sich meistens nach den ersten fünf Minuten des Konzerts verloren fühlen, und derjenige, der ein Werk von Bach anhört, ohne etwas über Bach zu wissen, ist wahrscheinlich nach kurzer Zeit befremdet oder sogar schwer enttäuscht. Man kann sich gut vorstellen, daß ein Mensch, der nur mit Musik der klassischen Periode erzogen wurde, mit Barockmusik nicht viel anzufangen weiß, und ebenso ist es denkbar, daß einem, der sein Leben lang nichts anderes als Bach, Beethoven und deren Zeitgenossen gehört hat, die Musik von Strawinsky überhaupt nicht zusagt.

Die Ursache solcher Schwierigkeiten liegt hauptsächlich in den falschen Erwartungen dieser Menschen. Wenn man auch als gegeben annehmen kann, daß Bach, Beethoven und Strawinsky ziemlich gleichwertig große Musiker waren, ist es doch sinnlos, Werke von Bach mit dem Gedanken an Beethoven, oder umgekehrt, anzuhören; auch wird man kaum Gefallen an Strawinsky finden, wenn man nur Bach und Beethoven im Kopf hat. Verständnis für Musik verlangt einen Sinn für das Historische, denn es gibt kaum absolut gültiges Zuhören, immer steht es in Beziehung zu verschiedenen Umständen. Nicht einmal die Komponisten selbst können dies immer verstehen. Strawinsky äußerte sich einmal zum Autor dieses Buches, daß Bach und Beethoven ihm kaum etwas bedeuteten, und auch andere Komponisten machten ähnliche Geständnisse. Oft waren

die größten Meister nicht fähig, ihre eigenen Zeitgenossen anzuerkennen, sobald diese mit anderen Mitteln arbeiteten als sie selbst oder anderen nationalen oder persönlichen Gedanken Ausdruck gaben.
Kunst ist sehr vielfältig, und wahrscheinlich ist es vergebliche Mühe zu versuchen, sie in ihren sämtlichen Äußerungen zu verstehen; doch die schlimmste Art von Begrenztheit ist jedenfalls vermeidbar, denn sogar ganz wenig historisches und biographisches Wissen vermag überraschend viel zu helfen. Wie wir bereits feststellten, kann man recht umfassende musikgeschichtliche Kenntnisse heute durch Bücher, Radio- und Fernsehsendungen erwerben. Deshalb beschränken wir uns hier darauf, gemäß der Absicht dieses Buches, einen kurzen, konventionellen Überblick über den strukturellen Aufbau der Musikgeschichte zu geben.

Die Schule des 16. Jahrhunderts

In unseren Konzertsälen, Theatern und Kirchen hören wir selten Musik aus einer früheren Zeit als dem 16. Jahrhundert. In dieser Periode wird als Gipfel des Musikschaffens die **frühe Schule des Kontrapunkts** betrachtet; hier nennen wir als deren Repräsentanten: in Deutschland *Orlando di Lasso* (1530?-1594), in Italien *Giovanni Pierluigi Palestrina* (1525?-1594), in England *William Byrd* (1543-1623). Die Werke dieser Komponisten und ihrer Zeitgenossen bestehen weniger aus konstruierten Formen als aus ineinander verflochtenen Melodien. Dem Leser sollten diese Begriffe aus den vorangegangenen Kapiteln inzwischen vertraut geworden sein. Nach den Werken der genannten Komponisten und ihrer Zeitgenossen folgten zwei bis drei Jahrhunderte der Entwicklung des

kontrapunktischen Komponierens, bis diese Art des Musikschaffens zur vollen Blüte gelangte.
Viele Werke des 16. Jahrhunderts sind noch nicht in den heute gebräuchlichen, sondern in der Art der früheren Tonarten, der sogenannten *Modi* (Einzahl **Modus**) geschrieben. Die Chormusik (Kirchenmusik, wie Messen; Hausmusik, wie Madrigale) jener Zeit war ausschließlich für unbegleiteten Gesang (**a capella**) komponiert.
Die Musik für **Tasteninstrumente** wurde erstmals zu jener Zeit entwickelt, und zwar haben die damaligen englischen Virginalkomponisten das Muster echter Klaviermusik geschaffen. Das **Virginal** (Spinett) war im Elisabethanischen England das Hauptinstrument der englischen Musik, für das die Komponisten eine besondere Literatur pflegten.

Das 17. Jahrhundert

Um die Wende des 16. zum 17. Jahrhundert zieht ein neuer Geist in die Musik ein. Oper und Oratorium wurden von den italienischen Komponisten ersonnen, und die Grundlage der ersten Fassungen bildete der Sprechgesang, das bereits erwähnte **Rezitativ.** Die instrumentale Begleitung dazu nahm die Form einfacher Akkorde an, welche die Stimme nur an geeigneten Stellen unterstützten. Damit wurde die Aufmerksamkeit auf die Akkorde als solche gelenkt, und die **Harmonie** in der Musik begann die Komponisten zu interessieren.
Ein großer Teil kontrapunktischer Musik war so geschrieben, wie sie voraussichtlich immer geschrieben sein wird. Aber nun begann das Gewicht sich mehr auf die Seite der Harmonie als auf die des Kontrapunkts zu legen. Man kann es auch so ausdrücken: Im 16. Jahrhundert verflochten die Komponisten Me-

lodien miteinander, und daraus entstanden Akkorde; im 17. Jahrhundert ersannen sie dann Akkordfolgen, und mit diesen als Basis arbeiteten sie Kombinationen von Melodien aus.
Die alten ‹Modi› begannen zu verschwinden, um allgemein den modernen Tonleitern Platz zu machen. Der Grund dafür war die Suche nach harmonischen Möglichkeiten, für die sich die Tonleitern besser eigneten. Unbegleiteter Chorgesang in der ernsten Musik starb mehr oder weniger aus.

Das 18. Jahrhundert

Da sie nun sowohl mit dem Kontrapunkt als auch mit der Harmonie völlig vertraut waren, konnten Komponisten wie *Henry Purcell* (1658–1695) allmählich die Musik zu ihrem zweiten Höhepunkt bringen, und in der ersten Hälfte des 18. Jahrhunderts erreichte die musikalische Entwicklung den höchsten Gipfel dieser Periode, als deren Repräsentanten *Johann Sebastian Bach* (1685–1750) und *Georg Friedrich Händel* (1685–1759) gelten können. Bach schrieb die schönsten instrumentalen Fugen, die je geschrieben wurden, außerdem eine große Anzahl von Werken für Klavier und Orgel, und er komponierte eine unglaubliche Menge an Kirchenmusik – Kantaten, Passionen, eine wundervolle große und vier kleinere Messen; dazu kommen noch Violinsonaten und -konzerte, sowie diverse Orchestermusik. Auch Händels Werk ist sehr umfangreich; er komponierte Klavier- und Orgelmusik, viele Oratorien und Opern. Als allgemeine Basis ihrer Werke verwendeten diese beiden Komponisten den Kontrapunkt, jedoch **Kontrapunkt,** verarbeitet mit großer **harmonischer** Meisterschaft.
Zu jener Zeit gab es für das Orchester noch keine Norm, das heißt die Instrumente, aus denen es zusammengestellt war, va-

riierten sehr stark bei den verschiedenen Gelegenheiten. Auch die wirkungsvolle Art der Orchestrierung, das Senden einer kleinen Phrase von einem Instrument zum andern, der ständige Wechsel der Klangfarbenmischungen waren noch nicht entdeckt worden. (Vielen Musikhörern ist das ständige Element der ‹Entdeckung› und ‹Erfindung› in der Entwicklung der Musik wohl noch nie bewußt geworden.)

Bach und Händel waren die letzten großen Vertreter der kontrapunktisch-harmonischen Ära. Sie hatten ihren Stil, so weit es möglich war, entwickelt, jetzt war die Zeit für einen neuen Anfang gekommen. Während jene Komponisten noch ihr Lebenswerk vollendeten, war in der zweiten Hälfte des 18. Jahrhunderts bereits eine Gruppe junger Musiker, einschließlich eines der Söhne Bachs, daran, eine neue Stil-Periode zu schaffen. Das moderne Klavier und das moderne Orchester erhielten nun ihre Bedeutung, die Entwicklung begab sich hauptsächlich auf instrumentalem Gebiet; die moderne **Sonate** und **Symphonie** wurden ins Leben gerufen, in ihren Formen, wie wir sie bereits erklärt haben. Die großen Namen dieser Epoche waren *Franz Joseph Haydn* (1732–1809) und *Wolfgang Amadeus Mozart* (1756–1791). Die ‹Sonatenform› und die ‹Symphonieform› wurden zu anerkannten Formeln, und Werke mit diesem Aufbau begannen zum Hauptbestand aller Konzertprogramme zu gehören. In jenem Zeitabschnitt gelangte die musikalische ‹Form› zu großer Perfektion. Gewiß hatten die Kompositionen auch damals einen Gefühlsgehalt, doch ist es eine gebräuchliche Verallgemeinerung, jene Periode als die der Entwicklung formaler Schönheit in der Musik, eher als des emotionellen Ausdrucks zu bezeichnen.
Die moderne Orchestrierung erhielt nun ihre Aufgabe.

Das 19. Jahrhundert

Die **früh-romantische Periode** der Musik begann zu Anfang des 19. Jahrhunderts mit *Ludwig van Beethoven* (1770–1827), in ihm hat sich die Wandlung von der ‹klassischen› zur ‹romantischen› Musik vollzogen. Zu Füßen von Haydn und Mozart sitzend, hatte er von ihnen alles, was sie über die Sonaten-Symphonie-Form lehren konnten, gelernt; er benutzte diese Form nun, seiner leidenschaftlicheren Natur entsprechend, um damit viel tiefere Gefühle auszudrücken, als jene Meister musikalisch darzustellen für möglich gehalten hätten. In den von ihnen übernommenen Model goß er glühendheiß seine Gedanken hinein. Vielleicht sprang der Model während dieses Prozesses an verschiedenen Stellen, aber es blieb doch immer dieselbe Gußform. Beethovens Werk kennzeichnet den dritten Höhepunkt in der Musikgeschichte der Neuzeit.

Die Ausdrücke ‹klassisch› oder ‹romantisch› in der Musik sind recht ungenaue Bezeichnungen, denn neben den historischen Abgrenzungen der Begriffe gibt es noch Wertungsbegriffe, so daß man mit ‹klassisch› zum Beispiel die reinste Ausprägung eines Stils bezeichnet. Man kann von ‹klassischem Barock› sprechen, auf die Zeit von Bach und Händel angewendet, und Beethoven ebenso wie Haydn und Mozart zu den ‹Klassikern› zählen, deren Vertreter sie – zeitlich jedenfalls – waren; ob man den späten Beethoven bereits zur romantischen Schule rechnen will oder diese erst mit Schumann beginnen läßt, ist eigentlich eine persönliche Gefühlssache. Tatsache ist, daß in jeder Musik romantische Elemente enthalten sind – sogar in der Purcells oder Bachs. Da Musik aber eine Kunst und keine Wissenschaft ist, läßt sich eine exakte Terminologie nur schwer, wenn überhaupt, finden. Unsere Hoffnung besteht einzig darin, dem Leser einige ungefähr richtige Gedanken zu vermitteln und im übrigen seinem gesunden Menschenverstand zu vertrauen, der ihn dazu bestimmt, nichts zu wörtlich zu nehmen. Wenn Beethoven nach einem klassischen Beginn im Laufe seines Schaffens den Weg zur **Romantik** fand, so gehörte Schubert, der geniale ‹Großmeister des Liedes› von Anfang an dazu. *Franz Peter Schubert* (1797–1828), dessen eigenes Schicksal schon das des romantischen Künstlers darstellt, hat im Hinblick auf sein kurzes Leben eine kaum begreifliche Menge von Werken komponiert. Neben seinen unübertrefflichen Liedern hinterließ er uns eine große Anzahl von Kammermusik- und Orchesterwerken, dazu Klavier-, Violin- und Bühnenmusik. Andere hervorragende Romantiker zu Beginn des neunzehnten Jahrhunderts waren: *Carl Maria von Weber* (1786–1826), dessen romantische Opern «Der Freischütz», «Euryanthe» und «Oberon» Epoche machten. Webers Gesamtwerk enthält außerdem Kammermusik, Klavier- und Violinmusik sowie Orchesterwerke; *Felix Mendelssohn-Bartholdy* (1809–1847), der Lieder, Orchester-, Klavier- und Kammermusik komponierte, auch eines der schönsten Violinkonzerte, das jeder große Geiger in seinem Repertoire hat; *Robert Schumann* (1810–1856) schrieb Orchesterwerke, sehr bekannte Klavier- und Liederzyklen, Kammermusik und Oratorien. In sein Musikschaffen ist ein stark literarisches Element einbezogen, man könnte ihn den Romantiker unter den Romantikern nennen. Zu den Zeitgenossen Mendelssohns und Schumanns gehört auch *Frédéric Chopin* (1810–1849), der polnisch-französische Komponist, in dessen Werk sich typische Beispiele des in der Musik jener Zeit häufig erkennbaren Ausdrucks nationalen Empfindens zeigen. Das Klavier war damals überall heimisch geworden, und Chopins Klaviermusik erfreute sich allgemeiner Beliebtheit, besonders auch, weil man kleinere Stücke den klassischen Sonaten vorzog.

Zu den prominentesten Vertretern der Epoche der **Spätromantik** zählen wir Berlioz, Liszt, Wagner, Verdi und Brahms. Über *Hector Berlioz* (1803–1869) und *Franz von Liszt* (1811–1886) haben wir bereits im Zusammenhang mit ‹Programmusik› gesprochen. Hinzuzufügen wäre noch, daß Berlioz ganz besondere, neue Mittel der Orchestrierung entwickelte und daß Liszt ein überragender Klaviervirtuose war, der neben seinem selbständigen, sehr ansehnlichen Kompositionswerk noch eine große Anzahl Klavierbearbeitungen von Werken anderer Komponisten vollbrachte.

Auch über *Richard Wagner* (1813–1883) ist noch einiges zu sagen; doch bevor wir dies tun, wollen wir, zuerst rückblickend, die Entwicklung der Oper näher betrachten. Diese musikalische Form war anfangs hauptsächlich dramatisch, und die Abhängigkeit vom ‹Rezitativ› bewies, wie realistisch die Darstellung geplant war. Doch bald entwickelte sich der Opernstil in formaler Richtung: Die neuere Gestaltung der Arien, bisher eine Liedform nach einem strengen I – II – I – Plan, zeigt dies sehr deutlich; denn wie kann ein Held oder eine Heldin intensiv dramatisch handeln, wenn der Gesang auf so bestimmte Art zugeschnitten und in eine Form gepreßt ist und wenn das Geschehen auf der Bühne einhalten muß, während die Darsteller ihre Arien singen? Eine Anzahl anderer fester Regeln bezüglich der Oper kamen noch dazu. Der erste energische Versuch, die Konventionen aufzulockern, wurde bereits im 18. Jahrhundert von *Christoph Willibald Gluck* (1714–1787) unternommen, der mit seiner Oper «Orpheus» (Orfeo ed Euridice) versucht hat, einen neuen, starken und einfachen Opernstil zu schaffen. Dann kam mit Weber ein deutlicherer Zug von Romantik in die Oper, verbunden mit dem eines starken deutschen Nationalbewußtseins. Bei Wagner kommt dieses Bewußtsein noch viel stärker zum Ausdruck. Er bemühte sich

auch nicht um eine Reihe von Rezitativen und Arien, sondern um echte dramatische Handlung, weshalb er auch, wie bereits erwähnt, seine Opern ‹Musik-Dramen› nannte. Diese sollten, wie er beabsichtigte, eine vernünftige Kombination beider Kunstgattungen sein, ohne an die Musik als solche Konzessionen zu machen. Wagners Musikschaffen war seit eh und je ein Diskussionsthema auf breiterer Basis als dieses Buch. Er wählte für seine Dramen ausgesprochen germanische Themen, und er entwickelte sein Orchester zu ganz großen Ausmaßen. Die Arienform gab er beinahe ganz auf und machte sich dafür eine Art von Rezitativen zu eigen, die sich in den Momenten höchster Erregung zu einem stetigeren melodischen Stil steigert; seine sehr kontrapunktischen Orchesterpartituren sind mit einer großen Anzahl von ‹Motiven› durchwoben, jedes auf eine bestimmte Person, einen Zeitablauf oder einen Gedanken anspielend, das ‹Leitmotiv›, von dem wir bereits gesprochen haben.
Von den italienischen Komponisten des 19. Jahrhunderts nennen wir hier drei der berühmtesten und erfolgreichsten, besonders in der Opernliteratur. Da ist *Gioacchino Rossini* (1792–1868), dessen unterhaltsame Opern, wie zum Beispiel «Der Barbier von Sevilla», noch zu Beethovens Zeit die Welt entzückten; dann *Giuseppe Verdi* (1813–1901), der das typische italienische Verständnis für die menschliche Stimme besaß und auch die dramatische Gestaltung in seinen Werken zu einem Höhepunkt führte, der in diesem Jahrhundert nur von Wagner erreicht wurde. Seine berühmten Opern «Rigoletto», «Aida», «Falstaff», um nur drei von vielen anderen zu nennen, feierten Triumphe. *Giacomo Puccini* (1858–1924), dessen Leben und Schaffen in das 20. Jahrhundert hineinreicht, hat ebenfalls sehr bekannte und beliebte Opern, wie «La Bohème», «Madame Butterfly», «Tosca» und andere, komponiert. Sein melodienreicher Stil ist eine Mischung von Naturalismus und

Romantik, der den Sängern und auch dem Orchester Gelegenheit gibt, sich zu höchstem Glanz zu entfalten. Die Werke der genannten Komponisten sind auch heute noch von den Opernbühnen der Welt nicht wegzudenken.
Als klassisch-romantischen Komponisten können wir *Johannes Brahms* (1833–1897) einstufen; weder Pionier noch Revolutionär, war er bloß der meisterhafte Beherrscher der Mächte, die seine Zeit ererbt hatte. Er schrieb keine Opern, doch erreichte er seine hohen Ziele mit seinen Liedern, seiner Klavier-, Orchester- und Kammermusik und seinen Chorwerken. Er komponierte ein berühmtes Violinkonzert, und mit seinem «Deutschen Requiem» schuf er ein unsterbliches Werk, das eigentlich kein Requiem, sondern eine aus Bibelstellen und Chorsätzen frei zusammengestellte Trauermusik ist.
Michail Iwanowitsch Glinka (1804–1857) gilt als der Begründer national-russischer Musik. In den Kompositionen von *Modest Petrowitsch Mussorgsky* (1839–1881) zeigt sich ein spezifisch impressionistischer und auch expressionistischer Stil. Er gehörte der ‹Jungrussischen› Schule an, wie auch *Alexander Borodin* (1833–1887) und *Nikolai Rimskij-Korsakow* (1844–1908), alles geniale Meister, deren Musik viel zu lange warten mußte, bis sie allgemein bekannt wurde.
Im Gegensatz zu diesem national-russischen Kreis stand *Peter Iljitsch Tschaikowsky* (1840–1893), dessen Musik nicht unbedingt ‹russisch› ist, aber doch ähnlich temperamentvolle Züge wie die seiner Landsleute aufweist. Die berühmten Opern «Eugen Onegin» oder «Pique Dame» gehören zum Repertoire der großen Opernhäuser, ebenso werden die Ballette «Schwanensee», «Dornröschen», seine Orchester- und Kammermusik, seine Klavierkonzerte sowie das sehr bekannte Violinkonzert immer wieder aufgeführt. Seine Beziehung zur Programmusik haben wir bereits erwähnt.

Die Jahrhundertwende

Von den zahlreichen Komponisten, deren Werke sich am Ende des 19. Jahrhunderts und über die Schwelle der Jahrhundertwende hinüber großer Beliebtheit erfreuen, nennen wir nur einige der berühmtesten.

Friedrich Smetana (1824–1884) gilt als Begründer der tschechischen Nationalmusik: Das Hauptwerk unter seinen Opern, «Die verkaufte Braut», schon wegen ihres heiteren Melodienreichtums allgemein bekannt und beliebt, und auch seine Kammermusik werden oft und gern aufgeführt. *Antonín Dvořák* (1841–1904) setzte die Linie seines Landsmannes fort; sein Lebenswerk umfaßt Orchesterwerke, Klavier-, Violin- und Cellokonzerte, Kammermusik, und der nationale Charakter ist in seiner Musik fest verankert. Sogar in seiner berühmten Symphonie «Aus einer neuen Welt», die er im Geiste amerikanischer Volksmusik zu komponieren glaubte, konnte er seine böhmische Urheimat nicht verleugnen. *César Franck* (1822–1890), der belgisch-französische Mystiker, gehörte noch zu den großen Meistern des 19. Jahrhunderts und schrieb schöne Kirchenmusik, symphonische Dichtungen, Klavier- und Violinmusik; seine Kompositionen sind stark von Bach und Beethoven beeinflußt.

Richard Strauss (1864–1949) ist der große deutsche Komponist dieser Epoche; seine Opern und Tondichtungen verbinden technische Zauberkunst mit einer Üppigkeit des Stils, der den Geschmack vieler Menschen in hohem Maße anspricht, doch anderen wieder zu überladen scheint. Der Österreicher *Hugo Wolf* (1860–1903) schuf eine große Anzahl raffiniert komponierter Lieder, eine Oper, Instrumental- und Kammermusik. Sein Landsmann und Zeitgenosse *Gustav Mahler* (1860–1911) hinterließ Orchesterwerke, die zum Teil einen riesigen Klang-

apparat, inklusive Chören und Solistenstimmen, beanspruchen; außerdem schrieb er Lieder mit Orchester und das besonders berühmt gewordene «Lied von der Erde», einen symphonischen Liederzyklus nach chinesischen Texten.
Den Franzosen *Claude Debussy* (1862–1918) könnte man wegen seines sehr eleganten und zarten Stils den Schöpfer des musikalischen Impressionismus nennen. Mit seiner Musik hat die subtile musikalische Sprache *Maurice Ravels* (1875–1937) eine gewisse Ähnlichkeit, doch gelangte dieser Komponist zu einer Art von neoklassischem Stil.
Sir *Edward Elgar* (1857–1934) war nach Purcell der bedeutendste Tondichter Englands. Sein Werk besteht aus zahlreichen Orchesterkompositionen, Oratorien, symphonischen Dichtungen, Kammermusik und einem sehr schönen Violinkonzert. Der in England geborene *Frederick Delius* (1863–1934) ließ sich später in Frankreich nieder; er komponierte Instrumentalmusik, Chor- und Orchesterwerke, symphonische Gedichte, Lieder und auch einige Opern.
Es gibt zwei bedeutende nordische Komponisten: den Norweger *Edvard Grieg* (1843–1907), dessen Musik viele Züge der skandinavischen Folklore aufweist; sehr bekannt ist seine Bühnenmusik zu Henrik Ibsens «Peer Gynt», die er auch zu zwei Orchestersuiten bearbeitet hat; dann der Finne *Jan Sibelius* (1865–1957), der in zahlreichen Werken Finnlands Heldenepen sowie die Landschaft und das Volk dieses Landes schildert.
Als bedeutende italienische Komponisten des neuen Jahrhunderts nennen wir *Alfredo Casella* (1883–1947), *Ottorino Respighi* (1879–1936) und *Puccini,* den ausgesprochenen Theatermusiker, dessen populäres Opernwerk wir bereits erwähnt haben.
Die wichtigsten Vertreter der modernen spanischen Schule sind *Isaac Albéniz* (1860–1909), *Enrique Granados*

(1867–1960), *Joaquin Turina* (1882–1949) und *Manuel de Falla* (1876–1946); ihre Musik ist stark national gefärbt.
Es ist klar, daß diese Liste ebensowenig vollständig ist wie die der Komponisten, die wir im folgenden Kapitel aufführen. Unsere Absicht ist es nur, einige der wichtigsten Namen zu nennen, die dem Konzertbesucher in einem heutigen Konzertprogramm begegnen können. Der Musikfreund, dessen Interesse größer ist, als in diesem «Vademecum für Anfänger» befriedigt werden kann, findet natürlich in einschlägigen Werken genügend Gelegenheit, sich weiter zu informieren.

Die Musik von heute

Die großen Figuren der beginnenden musikalischen Neuzeit sind beinahe alle noch im vergangenen 19. Jahrhundert geboren. Sie sind die Verbindungsglieder zu diesem und waren gleichzeitig abenteuerliche, fortschrittliche Komponisten neuer Musik. Der Ungar *Béla Bartók* (1881–1945) und der Engländer *Ralph Vaughan Williams* (1872–1958) waren stark von der Volksmusik ihrer Länder beeinflußt, und sie flochten diese Musik in ihre eigenen Kompositionen ein. Auch der Russe *Igor Strawinsky* (1882–1971) begann als sehr nationaler Komponist, und seine frühen, deutlich russisch gewürzten Werke sind, verdientermaßen, noch sehr bekannt. Aber vielleicht weil er nacheinander Bürger von vier Ländern – Rußland, der Schweiz, Frankreich und Amerika – gewesen ist, verlor Strawinsky später viel vom russischen Einfluß und begab sich offensichtlich in musikalisches Neuland. Sein Stil erlebte ebensoviele Transformationen wie der seines Zeitgenossen Pablo Picasso in der Malerei, und ebenso wie dieser blieb er während seiner langen Karriere eine lebendige und auch kontroverse Persönlichkeit.

Der Österreicher *Arnold Schönberg* (1874–1951) ersann eine ganz neue Sprache der Komposition, und sein Expressionismus brachte die Loslösung von allen traditionellen harmonischen Begriffen. Der Zugang zu seiner konzessionslosen Kunst ist wohl bis heute vornehmlich einem exklusiven Kreis möglich geblieben, wenn sich auch schon viele Konzertbesucher an die fremdartigen Klänge gewöhnt haben. Rein theoretisch sollte der gebildete Musikhörer wissen, daß Schönberg der Begründer der ‹Zwölftonmusik› war, und wenn ihn diese Kompositionstechnik näher interessiert, wird er genügend Literatur darüber finden. Die Ära Schönbergs und seiner beiden Schüler *Alban Berg* (1885–1935) und *Anton von Webern* (1883–1945) ist als die ‹Wiener Schule› bekannt. Bergs Oper «Wozzek», nach dem Bühnenstück von Georg Büchner, ist eines der eindrucksvollen Musikdramen unserer Zeit und gehört zum Repertoire aller größeren Opernbühnen der Welt. Eine sehr bedeutende Erscheinung in der Gegenwartsmusik ist auch der Deutsche *Paul Hindemith* (1895–1963), dessen Kompositionen jedoch traditionsgebundener blieben und daher leichter verständlich sind als die seiner Wiener Kollegen.
Von den englischen Zeitgenossen dieser Komponisten nennen wir noch, außer dem bereits erwähnten Vaughan Williams den ebenfalls interessanten Tondichter *Gustav Holst* (1874–1934), dessen Werke besonders in England bekannt wurden. Von ihren Nachfolgern *William Walton* (geb. 1902) und *Benjamin Britten* (geb. 1913) hat Walton besonders auf dem Gebiet der Orchestermusik und Britten mit seinen Opernwerken internationale Berühmtheit erlangt.
Von den bekannt gewordenen neuen russischen Komponisten führen wir neben Strawinsky *Sergej Prokofieff* (1891–1953) an, der eine Reihe von Bühnenwerken, darunter das bekannte Kinderstück «Peter und der Wolf», Ballette, Symphonien, Klavier-

und Kammermusik geschaffen hat. Auch sein Landsmann *Dimitri Schostakowitsch* (1906–1975) komponierte Symphonien, Opern, Ballette, Klavier-, Kammermusik und Lieder.
Der bemerkenswerte amerikanische Musiker *Charles Ives* (1874–1954), ein revolutionärer Komponist, der erst nach 1930 bekannt wurde, schrieb Orchester- und Kammermusik, auch Lieder in einem sehr ausgefallenen, persönlichen Stil. *Aaron Copland* (geb. 1900), ebenfalls ein bedeutender amerikanischer Exponent der ‹Moderne›, komponiert Orechester-, Kammermusik und Instrumentalwerke; er verwendet in seiner Musik viele Elemente des Jazz.
Wenn wir von ‹Neuer Musik› sprechen, verbinden wir damit die Vorstellung ungewohnter Klänge und Harmonien, kurz eine völlig neue, avantgardistische Richtung des Musikschaffens. Die Liste der Komponisten wäre sehr lang, wollte man alle Musiker der neuen und neuesten Zeit nennen; wir führen hier nur einige der bekanntesten internationalen Namen an: *Edgar Varese* (1885, Paris–1965, New York), *Carl Orff* (1895, München), *Werner Egk* (1901, Auchsesheim/Bayern), *Boris Blacher* (1903, Newchwang/China-1975, Berlin), *Olivier Messiaen* (1908, Avignon), *Samuel Barber* (1910, West Chester/USA), *Alberto Ginastera* (1916, Buenos Aires), *Luigi Nono* (1924, Venedig), *Pierre Boulez* (1925, Paris), *Hans Werner Henze* (1926, Gütersloh/Westfalen), *Karlheinz Stockhausen* (1928, Köln).
An dieser Stelle ist noch die Entwicklung der ‹elektronischen› Kompositionstechnik zu erwähnen, die aber zu ganz anderen Klangprinzipien führte, deren Aufzeichnung nicht mehr in der üblichen Notenschrift geschehen kann, sondern in einer neuen, komplizierten Manier erfolgt.

Dieser ziemlich waghalsige Versuch, etwa vierhundert Jahre Entwicklung in der Musikgeschichte auf einigen Buchseiten festzuhalten, kann ebensowenig Anspruch auf Vollständigkeit und Genauigkeit erheben wie alles andere, was in den vorherigen Kapiteln gesagt wurde. Es wäre ja auch gar nicht möglich, in groben, flüchtigen Zügen Vollkommenheit in einem Bereich zu bieten, der sogar nach jahrelangem Studium kaum umfassend beherrscht werden kann - es sei denn mit genialer Begabung. Doch dieses kleine Buch ist an Freunde der Musik gerichtet, und sein Zweck ist nicht ganz verfehlt, wenn diejenigen Leser, die mehr wissen wollen, als sie hier erfahren konnten, sich zu weiterer Erforschung angeregt fühlen. Jedenfalls stehen alle unsere Betrachtungen in einem folgegerechten Zusammenhang, in welchem sie auch gelesen werden sollten: Klassifizierungen und Aufzählungen von Kompositionen und deren Schöpfern bekommen mehr Sinn, wenn sich der Leser die Reihe der Komponisten als eine ‹Kette› vorstellt, in der jedes Glied mit dem vorherigen und dem nachfolgenden verbunden ist. Nicht alle Glieder der Kette können aufgezählt sein, sie läßt sich aber nach Belieben verlängern. Bei jedem noch so eigenständigen Tonkünstler werden Verbindungen mit den Werken früherer Meister festzustellen sein, ebenso wie Einflüsse anderer Epochen, und sooft wir auch von ‹neuen Anfängen› sprachen, reichten irgendwelche Wurzeln immer noch in die Vergangenheit zurück.

Den echten Zugang zum Musikverständnis zu finden, wird wohl dem einen Leser leichter fallen als dem andern, doch wer bereits einen Anfang gewagt hat, um die Formen und die Entwicklung der Musik bis in unsere Gegenwart hinein zu verfolgen, wird seine eigenen Gaben herausfinden und diesen gemäß versuchen, sein Wissen zu erweitern. Auf diesem Weg sei ihm noch empfohlen, Persönlichkeit und Geist jedes Tonmeisters im Auge zu behalten und den Ausdruck davon in seiner Musik zu suchen.

14 Kleines Fachwörter-Lexikon

a cappella	Mehrstimmiger Gesang ohne Instrumentalbegleitung
accelerando	beschleunigend, das Zeitmaß steigernd
Acciacatura	Zusammenschlag, veraltete Verzierung beim Orgel- und Klavierspiel
adagio	langsames Zeitmaß
ad libitum	nach Belieben: frei im Tempo, scheinbar ohne Takt; frei in der Instrumentation; auch im Vortrag (z. B. Verzierungen)
affretato	beschleunigt
agitato	erregt
Air	Lied, Arie, Weise
Air de ballet	Balletstück
Air de danse	Tanzstück
Akkord	Zusammenklang mehrerer Töne verschiedener Höhe
Akzent	Betonung eines Taktteils
alla breve	Beschleunigte Taktart, bei der nicht nach Vierteln, sondern nach Halben gezählt wird
Allabreve-Takt	2/2 Takt
allargando	langsamer und breiter werdend
allegretto	Weniger rasches Zeitmaß als allegro
allegro	(Ursprünglich ‹heiter›, ‹lustig›); lebhaft bewegtes, rasches Tempo
Allemande	Im 16. Jh. in Deutschland entstandene Tanzform im 4/4 Takt
Alt, Alto	1. Altstimme; 2. Altinstrumente, z. B. Bratsche, Klarinette, Posaune

con amore, amoroso	mit Liebe, zärtlich
andante	gehend, schreitend = mittleres, eher langsames Zeitmaß
andantino	Gleiches Zeitmaß wie andante, für kurze Stücke gebräuchlich
animando	lebhafter werdend
animato	belebt, lebhaft
aperto	offen, deutlich, klar
appassionato	leidenschaftlich, mit starkem Ausdruck
Appoggiatura	Vorschlag. Verzierung der Melodie durch Nebennoten, die den Hauptnoten vorangestellt sind
Arabeske	1. Verzierungsfigur in der Melodie; 2. Heiteres Musikstück (z. B von Schumann)
Arie	Ursprünglich dasselbe wie ‹Lied›; jetzt ein längeres Gesangstück (nicht in Strophenform) in Opern und Oratorien.
Da-capo-Arie	= Arie in der Form von I - II - I
arpeggio	Nach Harfenart. Die Töne eines Akkords werden nicht gleichzeitig, sondern rasch hintereinander angeschlagen, ‹arpeggiert›
Arrangement	Bearbeitung eines Musikstücks für andere Instrumente als vom Komponisten geschrieben; z. B. die Klavierübertragung eines Orchesterwerks
assai	recht, sehr; z. B. allegro assai = recht schnell
Attacca	Ohne Zwischenpause erfolgender, plötzlicher Einsatz nach Satzteilen oder Satzende
Auflösung	Überführung einer Dissonanz in eine Konsonanz

Auflösungszeichen — Zeichen, das die Geltung eines ‹Kreuzes› oder eines ‹B› wieder aufhebt und den Stammton wiederherstellt

Auftakt — Der Teil einer Melodie, der vor der ersten betonten Note liegt

Augmentation — 1. Zeitliche Dehung eines Themas in der Fuge und anderen kontrapunktischen Stücken durch Verlängerung der Notenwerte (z. B. Verdoppelung der Notenwerte = doppelt so langsam); 2. in der Notenschrift: Verlängerung des Notenwertes um die Hälfte durch Zufügung eines Punktes neben der Note. - Gegenteil: Diminution, s. d.

Badinerie — (frz. ‹Tändelei›). Überschrift scherzoartiger Sätze in Suiten und Sonaten des 18. Jh.

Bagatelle — kleines, kurzes Instrumentalstück (z. B. Beethoven: «Bagatellen»)

Ballade — Ursprünglich ein Tanzlied. Jetzt - in der Musik - Tondichtungen für Gesang mit episch-erzählendem Inhalt (z. B. Loewe, Schubert, Schumann); auch Klavierballaden (z. B. Chopin, Brahms)

Ballett — Bühnentanz

Bariton — Die mittlere der männlichen Stimmlagen zwischen Tenor und Baß

Barkarole — (auch Barcarole) Schifferlied in wiegendem Takt

Baß — Die tiefste menschliche Stimmgattung; die tiefste Stimme einer Harmonie; das tiefste Instrument einer Familie, z. B. Kontrabaß

Basso ostinato, Ostinato	Fortgesetzte Wiederkehr einer Baßfigur, über der sich die Melodien frei oder als Variationen eines Themas bewegen
Basso continuo	Die ununterbrochene Baßbegleitung, auch Generalbaß genannt
Becken	Zwei große tellerförmige Metallscheiben, die entweder aneinander oder mit einem Schlegel geschlagen werden
Blechblasinstrumente	Gruppe der Blasinstrumente aus Metall im symphonischen Orchester: Hörner, Trompeten, Posaunen und Tuben
Bolero	Langsamer spanischer Tanz im 3/4 Takt
Bourrée	Altfranzösischer Tanz im 4/4 Takt
Bravourarie, Bravourstück	Glanznummer; Arien und Stücke mit großen technischen Schwierigkeiten
Bratsche (Viola)	Größeres Streichinstrument als die Geige und tiefer gestimmt als diese
con brio	mit Schwung, mit Leidenschaft
Bühnenmusik	Zu einem Theaterstück komponierte Musik, Zwischenaktmusik oder Ouverture; auch Mitwirkung von Musikern auf der Bühne in einer Oper
Cachucha	Spanischer Tanz, ähnlich wie Bolero
calando	nachlassend im Tempo und in der Tonstärke
cantabile	gesangartig, ausdrucksvoll
cantando	= cantabile
Cantus	Gesang, Melodie
Cantus firmus	Gegebene Melodie, zu der andere Stimmen einen Kontrapunkt oder eine Gegenmelodie ausführen

Capriccio	Dem Scherzo verwandtes Musikstück mit überraschenden Wendungen ohne feste Form
Celesta	Im 19. Jh. erfundenes klavierartiges Musikinstrument kleineren Umfangs, das anstelle der Saiten Metallplättchen hat; mit Hammermechanik
Cello	Abkürzung für Violoncello; nach dem Modell der Violine konstruiertes tiefes Streichinstrument
Cembalo	Tasteninstrument mit ungleich langen Metallsaiten und mit doppelter Klaviatur
Chaconne	Ursprünglich ein Tanz; wurde dann zu einem Instrumentalstück, bei dem – ähnlich der Passacaglia – über einem ständig wiederholten Baßmotiv (basso ostinato) Variationen ausgeführt werden
Choral	Der Gregorianische Gesang in der katholischen Kirchenmusik. In der protestantischen Kirchenmusik das ursprünglich vierstimmig gesetzte, aber auch einstimmig singbare, einfache, andachtsvolle Lied, das von Luther in den Gottesdienst eingeführt wurde
Chromatik	Das halbtonweise Fortschreiten von vokalen oder instrumentalen Stimmen
Chromatische Tonleiter	Tonleiter, die von Halbton zu Halbton fortschreitet und alle zwölf Halbtöne der Oktave umfaßt
Coda	Abschließender Satzteil bei Tonstücken mit Reprisen
Codetta	kurze Coda

come	wie; z. B. come prima = wie am Anfang
Comes	Begleiter oder Gefährte, Bestandteil der Fuge
comodo	bequem; z. B. tempo comodo = bequemes Tempo
concertante	Im Gegensatz zum Ensemble-Orchester Spiel mehrerer ebenbürtiger Solo-Instrumente mit Begleitung des Orchesters. ‹Sinfonia concertante› ist ein Konzert für mehrere Solo-Instrumente mit Orchester: Doppel-, Tripelkonzert usw. (z. B. Tripelkonzert von Beethoven für Geige, Cello und Klavier)
Concertino	Kleineres Concerto
Concerto	Orchesterbegleitetes Solokonzert (irgendeines Instruments)
Courante	Tanzstück in ungeradem, meistens punktiertem Rhythmus, oft Bestandteil einer Suite
crescendo	an Tonstärke zunehmend
da capo	Wörtlich: vom Anfang; Anweisung, das ganze Stück oder ein Teil davon zu wiederholen; da capo (abgekürzt d.c.) al fine (d.h. bis zum Zeichen ‹fine›) = der Teil, der wiederholt werden soll
Dämpfer, Dämpfung	Vorrichtungen bei verschiedenen Instrumenten, um die Tonstärke verringern zu können: z. B. bei der Geige durch Aufsetzen eines ‹Dämpfers› (Sordine) auf die Saiten über dem Steg, beim Klavier mit Hilfe des linken Pedals, der ‹Verschiebung› (s. Pedal)

deciso	bestimmt, entschieden
con desiderio	sehnsuchtsvoll
Diatonik	Fortschreiten der Töne in Ganz- und Halbtonintervallen, zum Unterschied von Chromatik, s.d.
diminuendo	an Tonstärke abnehmend, schwächer werdend
Diminution	Zeitliche Verkürzung, d.h. schnellerer Vortrag des Themas im Kanon und in der Fuge durch kürzere Notenwerte (Gegenteil: Augmentation)
Diskant	Ursprünglich: Höhere Gegenstimme zur Hauptstimme; heute: die höchste Stimme, der Sopran (in einem Chor)
Dissonanz, Diskordanz	Als Mißklang empfundene Akkorde oder Tonfolgen
Divertimento	(it. ‹Vergnügung›) Kurze Folge von Instrumentalsätzen, ähnlich der Suite; auch kleine Zwischensätze in Sonaten, Fugen oder Opern, meistens mit Tanzcharakter
dolce	süß, sanft, lieblich, zart
dolendo, dolente	klagend, wehmütig
Dominante	Die fünfte Stufe (Quinte) in der Tonart, sowie der auf dieser basierte Akkord
Dominantseptakkord	Der Septakkord, der aus dem Dur-Dreiklang auf der fünften Stufe (Dominante) plus einer kleinen Septime besteht
Doppelfuge	Fuge, in der zwei Themen, meistens gleichzeitig, eingeführt werden
drammatico	dramatisch
Dreiklang	Akkord aus drei Tönen; in der Harmonielehre besteht er aus Grundton, Terz und

	Quinte; je nachdem ob die Terz groß oder klein ist (s. Terz), entsteht ein Dur- oder Moll-Dreiklang. Auf jedem beliebigen Ton kann man jeden dieser Dreiklänge aufbauen.
Dudelsack	Sehr altes Instrument, das heute noch speziell in Schottland und auf dem Balkan, aber auch anderswo in Europa als Nationalinstrument gespielt wird; es besteht aus einem Windsack, an dem mehrere Pfeifen angebracht sind, von denen eine gespielt wird, während die andern mitklingen.
Dur	(lat. ‹hart›). Tongeschlecht, zum Unterschied von Moll (lat. = weich); s. Tonleitern, Kap. 1.
Durchführung	Der Teil bei gewissen Kompositionsformen, vor allem Fugen- und Sonatenform, in dem das thematische Material verarbeitet und frei entwickelt wird.
Dux	Führer, Bestandteil der Fuge
Ecossaise	(frz. ‹schottisch›). Alter schottischer Rundtanz; im 19. Jh. begannen die Komponisten Instrumentalstücke unter diesem Titel zu schreiben.
Einleitung	auch Introduktion; meistens langsamer Einführungsteil vor dem ersten Satz einer Symphonie, einer Sonate, überhaupt eines Musikstücks
Elegie	In der Musik: Klagegesang, als Lied oder Instrumentalstück
Englischhorn	Holzblasinstrument

Enharmonik	Der gleiche Ton kann, innerhalb der temperierten Stimmung (s. Temperatur), verschiedene Schreibweisen haben, z. B. Cis = Des, Dis = Es usw.
espressivo	ausdrucksvoll, gefühlvoll
Etüde	Eigentlich Lehr- oder Übungsstück; es gibt Etüden, die technische Übungen behandeln, wie auf dem Klavier Terzen, Oktaven, usw.; es gibt aber auch Vortrags- und Konzertetüden (von Liszt, Chopin, Schumann und anderen).
Engführung	In der zweiten Durchführung der Fuge: Einsetzen des Comes, bevor der Dux die Themawiederholung beendet hat

Fagott	Holzblasinstrument
Fandango	Spanischer Tanz in langsamem Rhythmus, stark markiertem 3/4 Takt, der von Kastagnetten unterteilt sein kann
Fanfare	Kurzer Bläsersatz oder Trompetensignal
Fantasie, fantasia	Tonstück, das keine vorgeschriebene Form besitzt, für einzelne Instrumente oder für Orchester
feroce	wild, ungestüm
Finale	Der Schlußteil einer mehrteiligen Komposition (Sonate, Symphonie, Konzert usw.); der Aktschluß einer Oper
fine	Ende
Fioritura	Ausschmückung, Verzierung, wie sie in früheren Jahrhunderten von Sängern und Instrumentalisten spontan improvisiert wurden

Flageolett-Töne Klanglich besondere Töne, die man durch leichtes Auflegen der Finger auf die angestrichenen Saiten eines Streichinstruments hervorbringt; natürliche Obertöne

Folklore In der Musik: Volkstümliche Lieder, Tänze, Instrumente usw. nationaler Überlieferung

Form Der musikalische Aufbau einer Komposition nach bestimmten Regeln

forte Kraftvoll, laut (Abk.: f); **fortissimo** mit ganzer Kraft, sehr laut (Abk.: ff, auch fff); **mezzoforte** mittelstark; **fortepiano** stark und gleich wieder leise

fugato Nach der Art der Fuge komponiert, aber keine eigentliche Fuge

Fuge Mehrstimmiges Musikstück, dessen Hauptthema der Reihe nach sämtliche Stimmen durchläuft

fughetta Kleine Fuge

con fuoco mit Feuer

Gaillarde Alte, lebhafte Tanzform im 3/4 Takt

Ganzton Die Summe von zwei Halbtönen

Ganztonleiter Skala, bei der die Intervalle von Ton zu Ton durchwegs einen Ganzton betragen

Gavotte Tanz im 4/4 Takt, aus dem 16. Jh. stammend

Geige (Violine). Wichtigstes Streichinstrument; das führende Orchesterinstrument

Generalbaß s. Basso continuo

Gigue Schneller Tanz aus dem 16. Jh. im Tripeltakt, s.d.

giocoso	scherzhaft, launig
Gitarre	Zur Familie der Laute gehöriges Saiteninstrument
giusto	richtig, genau; tempo giusto = im richtigen Zeitmaß
glissando	Vortragseffekt, beim Klavier durch Streichen mit dem Fingernagel über die Tasten, bei Saiteninstrumenten durch Auf- oder Abwärtsgleiten der Finger auf den Saiten
Glockenspiel	Im Orchester: Schlaginstrument, das den Klang von großen und kleinen Glocken imitiert
Gong	Großer Metallteller, der mit einem Schlegel zum Klingen gebracht wird; im Orchester auch ‹Tamtam› genannt
con grandezza	würdevoll
grave	schwer, ernst, sehr langsam
grazioso, graziosamente	anmutig, leicht
Gruppetto	Musikalische Verzierung, der sogenannte ‹Doppelschlag›, meistens aus vier Noten bestehend
guerriero	kriegerisch
Hackbrett	Altes Saiteninstrument
Halbton	Kleinstes Intervall im traditionellen Musiksystem
Harfe	Saiteninstrument, das nicht mit einem Bogen gestrichen wird; die Saiten werden mit den Fingern oder mit einem ‹Plektrum› gerissen oder mit Hämmern geschlagen.
Harmonie	Geregelter Zusammenklang von Tönen

Harmonielehre	Lehre von den harmonischen Gesetzen in der Musik
Holzblas-instrumente	Gruppe der Blasinstrumente aus Holz im Orchester: Flöten (die Querflöten, heute aus Metall, werden ihrem Charakter gemäß, und da sie früher aus Holz waren, unter dieser Gruppe eingereiht), Oboen, Englischhorn, Klarinetten, Fagotte
Hymne	Feierlicher kirchlicher oder weltlicher Gesang
Imitation	Nachahmung eines Themas oder einer Melodie in verschiedenen Stimmen; Begriff des kontrapunktisch-polyphonen Stils
Impromptu	Name kleiner Musikstücke in freier Form oder in Liedform I–II–I (z.B. Schubert, Chopin)
Instrumentation	Die Kunst und die Technik, musikalisches Material auf ein Orchester zu verteilen; eine Partitur zu schaffen, in der jedes Instrument seine Aufgabe zugewiesen erhält
Intermezzo	Zwischensatz, Zwischenspiel
Intervall	Der Zwischenraum zwischen zwei beliebigen Tönen, der nach der Größe des Intervalls bezeichnet wird: Sekunde, Terz, Quarte, Quinte, Sexte, Septime, Oktave; in diesem System gibt es kleine und große, verminderte und übermäßige Intervalle. (In diesem Verzeichnis sind die Intervalle immer vom 1. Ton der Tonleiter angegeben; sie können aber natürlich von jedem Ton in der Tonleiter aus gerechnet werden.)

Introduktion s. Einleitung

Inventionen Erfindungen, Einfälle – ungefähr gleichbedeutend wie Impromptu. Bach schrieb zweistimmige und dreistimmige ‹Inventionen›.

Kadenz 1. Harmonische Wendung, die einen Ruhepunkt oder einen Abschluß in einem Stück bildet; 2. Einschiebung, die der Solist in einem Konzert zwischen zwei Sätzen spielt, während das Orchester schweigt; früher wurden die Kadenzen improvisiert, jetzt sind sie meistens von den Komponisten selbst oder von anderen Tonkünstlern geschrieben; die Kadenzen geben den Solisten Gelegenheit zu virtuosen Glanzleistungen.

Kammermusik Kleinere Musikformen für weniger zahlreiche Ensembles als in einem Orchester; gebräuchliche Zusammensetzungen sind: Trio (Klavier, Violine, Cello oder drei Streichinstrumente), Quartett (2 Violinen, Viola, Cello; oder Klavier mit drei Streichinstrumenten) und andere.

Kanon Musikform, in der eine Melodie mehrere Stimmen durchläuft

Kantate Früher ein längeres Gesangstück für eine Solostimme; heute ein aus Sologesängen, Duetten usw. und Chorsätzen bestehendes Vokalwerk mit Instrumentalbegleitung

Kantilene Gesangsartige Melodie

Kastagnetten	In Spanien und Süditalien gebräuchliche Holzplättchen, die am Daumen befestigt werden und beim Bolero, Fandango und anderen Tänzen den Rhythmus betonen
Kavatine	Lyrisches Gesangstück in der Oper, oft liedmäßig, einfacher, kürzer als eine Arie
Kesselpauke	s. Pauke
Kirchentonarten	Die Tonleitern des Mittelalters, die den Übergang vom griechischen Musiksystem zu den modernen Tonarten bilden
Klangfarbe	Charakteristischer Klang der einzelnen Instrumente und ihrer Zusammensetzung in einem Orchester
Klarinette	Holzblasinstrument
Klassik	Die Periode der Klassik in der Musik beginnt mit der Mitte des 18. Jahrhunderts; zur sogenannten ‹Wiener Klassik› gehören Gluck, Haydn, Mozart und der junge Beethoven.
Klaviatur	Die Reihe oder Reihen von Tasten an Orgel, Klavier, Cembalo und anderen Tasteninstrumenten, mit deren Hilfe man die töneerzeugende Mechanik in Bewegung setzt.
Klavier	Tasteninstrument
Klavierkonzert	Soloklavierstück in mehreren Sätzen mit Orchesterbegleitung
Köchelverzeichnis	Abk.: KV. Chronologisch-thematisches Verzeichnis sämtlicher Tonwerke W.A. Mozarts, von Ludwig, Ritter von Köchel.
Konsonanz	Als Wohlklang empfundene Akkorde oder Tonfolgen; Gegenteil von Dissonanz

Kontrabaß	Größtes und tiefstes Streichinstrument
Kontrafagott	Das um eine Oktave tiefer als das Fagott stehende gleiche Instrument
Kontrapunkt	Eines der Prinzipien der Kompositionstechnik
Kontrapunkt, doppelter	Ober- und Unterstimme können dabei miteinander vertauscht werden, und umgekehrt, ohne daß der Wohlklang beeinträchtigt wird
Kontrasubjekt	Der Kontrapunkt in der Fuge, den die erste Stimme ausführt, während die zweite erstmalig den ‹Gefährten› (Comes) vorträgt
Konzertmeister	Der erste Geiger eines Orchesters
Konzertstück	Kleineres Solostück in freier Form
Kornett	das kleinste der heute üblichen Blechblasinstrumente

lamentoso	klagend
Ländler	Bäuerlicher Volkstanz aus Bayern/Österreich, langsamer Walzer
languendo, languido	schmachtend, klagend
larghetto	etwas weniger langsam als largo
largo	langsam, breit
leere Saite	Saite, die bei einem Saiteninstrument gestrichen wird, ohne daß mit dem Finger der linken Hand eine Note gegriffen wird, so daß die Saite ihren Originalton angibt
legato	gebunden oder verbunden, d.h. ohne Pausen zwischen den einzelnen Tönen

leggiero, leggieramente leicht, schwebend

col legno Mit dem Holz: Die Saiten beim Geigenspiel werden mit der Bogenstange und nicht mit den Bogenhaaren berührt, nicht gestrichen, sondern angeschlagen, was einen besonderen Effekt ergibt

Leitmotiv Das musikalische Motiv, das in einer Oper, hauptsächlich bei Wagner, mit einem bestimmten Symbol, einer Person oder einem Ereignis verknüpft ist, und sich öfter wiederholt

Leitton Insbesondere der 7. Ton in einer Tonart, der immer einen Halbton unterhalb des 8. (des Grundtons) liegt und in der Melodie oder der Harmonie zu diesem Grundton hinführt, hin‹leitet›

lento, lentamente langsam (dasselbe wie largo)

Libretto Opern- oder Operettentext

Licenza Freiheit, Abweichung von den strengen Regeln

Loure 1. Älteres Instrument aus der Normandie; 2. Tanz im Tripeltakt, der in Suiten des 18. Jh. vorkommt

Lure Hornartiges nordisches Blasinstrument aus Bronze

Madrigal Kunstvolle Liedform, die sich aus dem 14. Jh. entwickelt hat; bis zum 16. Jh. wurde es mehrstimmig und nur a cappella gesungen, später auch einstimmig und mit Instrumentalbegleitung

maestoso	majestätisch, mit Würde, oft in Verbindung mit Tempo-Vorschriften
Manuale	Die bei der Orgel für das Spiel mit den Händen bestimmte Klaviatur, im Gegensatz zum ‹Pedal›, das mit den Füßen gespielt wird
marcato	markant, mit Akzent
marcia	Marsch, Musik im Zweitakt in verschiedenem Tempo; Militärmarsch, Trauermarsch, usw.
Mazurka	Polnischer Nationaltanz im 3/4 Takt
Mediante	der Mittlere; der Dreiklang auf der dritten Stufe, in der Mitte zwischen Tonika und Dominante, in C-Dur also E–G–H
Menuett	Alte französische Tanzform im 3/4 Takt
Messe	Höchste Kultushandlung der katholischen Kirche. Die Messe als musikalische Kunstform entwickelt sich vom einfachen a-cappella-Gesang der liturgischen Texte über viele Stufen - Mehrstimmigkeit, Instrumentalbegleitung, Soli und Chöre - bis zu den feierlichen Konzertmessen und Requiems (Totenmessen) der großen Meister.
mezzo	halb; **mezzoforte** mittelstark; **mezzopiano** ziemlich leise; **Mezzosopran** Stimme zwischen Sopran und Alt; **mezza voce** mit halber Stimme
moderato	gemäßigtes, ruhiges Zeitmaß
Modulation	Übergang von einer Tonart in eine andere während eines Musikstücks
Modus, Modi	Griechische Tonarten oder mittelalterliche Kirchentonarten

molto sehr; adagio molto = sehr langsam

Mordent Verzierungsart aus der Klavier- und Lautentechnik; eine Wellenlinie über einer Note zeigt an, daß diese Note rasch mit der nächstliegenden gewechselt werden soll, meistens um einen Halbton; ein Mordent über der Note C heißt demnach C–H–C. Manchmal wird mit einem ‹Kreuz› oder einem ‹B› eine besondere Art des Mordent angegeben

morendo Wörtlich: sterbend; verklingend in ein zartes pianissimo, auch langsamer werdend

Motette Eine der ältesten polyphonen Musikformen; im 15. Jh. religiöse a-cappella-Kompositionen, im 17. Jh. auch instrumentalbegleitete Kompositionen

Motiv Die kleinste Einheit einer musikalischen Komposition; jede Melodie, jedes Thema setzt sich aus einzelnen Motiven zusammen

Musikdrama Oper; besonders Richard Wagner nannte seine Opern ‹Musikdramen›

nobilmente vornehm, edel

Nocturne Bezeichnung für ein Musikstück, das stillen, ‹nächtlich› verträumten Charakter hat

Nonett Komposition für neun Instrumente beliebiger Zusammensetzung; Streicher, Bläser usw.

Oberstimme Die am höchsten liegende Stimme (Vokal- oder Instrumentalstimme) in einer mehrstimmigen Komposition

Obligate Stimme Stimme, die in einem Werk auf keinen Fall weggelassen werden kann; es gibt z.B. Arien mit obligater Violine oder Flöte usw.

Oboe Holzblasinstrument

Ode Längeres Gedicht – meist über ein Ideal (z. B. die geliebte Person, den Mond, die Freude) – in lyrischer Weise sowie die Vertonung eines solchen Gedichts

Offertorium Gebet in der katholischen Liturgie während der Opferung der Hostie und des Weines durch die Priester; musikalisch ursprünglich eine gregorianische Melodie, doch später wurden die Offertorien mehrstimmig gefaßt und auch instrumental begleitet

Oktett Komposition für acht Instrumente oder für acht menschliche Stimmen

Oper Musikalisches Bühnenwerk

Operette Musikalisches Bühnenwerk, sowohl in Libretto wie Musik leichteren Charakters als die Oper

Ophikleide Blechblasinstrument, heute meistens durch die Tuba ersetzt

Opus Werk; Abk.: Op.

Oratorium Wörtlich: Gebetsaal; musikalisches Werk religiösen oder weltlichen Charakters, oft dramatisch aufgebaut, mit Solisten, Chor und Orchester; berühmte Oratorien von Bach, Händel, Haydn, auch von modernen Komponisten

Orchestrierung s. Instrumentation

Orgel Größtes Musikinstrument; zusammengesetzt aus drei mehr oder weniger voneinander abhängigen Teilen: dem Pfeifenwerk, dem Gebläse und dem Regierwerk. Eine gleichartige Pfeifenreihe heißt **Register;** da die Pfeifen verschiedenartig konstruiert sind, erzeugen sie unterschiedliche Klangfarben; das **Anblasewerk** besteht aus verschiedenen Teilen und hat die Aufgabe, die für die Pfeifen notwendige Luft bereitzustellen und weiterzuleiten. Vom Spieltisch aus löst das **Regierwerk** durch Niederdrücken einer Taste eine Mechanik aus, welche die Ventile öffnet, damit die Luft an die gewünschte Pfeifenöffnung gelangt; der Spieler kann die einzelnen Register mit Hilfe eines Registerzugs ein- und ausschalten; am Spieltisch gibt es ein oder mehrere **Manuale** (Klaviaturen), dazu noch eine Klaviatur zum Bespielen mit den Füßen, das **Pedal**

Orgelpunkt Lang ausgehaltener tiefer Ton, über dem die Harmonien mehrfach wechseln können

Ostinato s. Basso ostinato

Ouverture Einleitendes Musikstück vor einer Oper oder einem Schauspiel

Part Einzelne Stimme in einem Instrumental- oder Gesangstück

Partita it. für Suite; Bach nannte viele seiner Stükke Partiten

Partitur Aufzeichnung - senkrecht untereinander - aller in einem Musikwerk mitwirkenden Instrumente und Stimmen

Passacaglia Langsames, tanzartiges Musikstück im 3/4 Takt, ähnlich der Chaconne

Passepied Alter französischer Tanz im 3/4 Takt

Passionsmusik Chorwerke mit Orchester und Solisten, deren Inhalt die Erzählung der Evangelisten von der Kreuzigung Christi ist. (Bach: «Mathäuspassion», «Johannespassion»)

Pauke Musikalisch wertvollstes Schlaginstrument im symphonischen Orchester

Pedal 1. Klaviatur bei der Orgel, die mit den Füßen betätigt wird; 2. Vorrichtung am Klavier für beide Füße: das rechte Pedal entfernt die Dämpfer von den Saiten und bewirkt so das Nachklingen und Verstärken des Tons; das linke Pedal, auch ‹Verschiebung› genannt, verschiebt die Hammermechanik und bewirkt, daß der Klang gedämpft wird

Pentatonische Tonleiter Fünfstufige Tonleitern, gebräuchlich z.B. in der altgriechischen Musik und manchen außereuropäischen Musiksystemen

pesante schwer, wuchtig

Phantasie s. Fantasie

Phrase Mehr oder minder in sich geschlossenes Glied eines musikalischen Gedankens, der beim Vortrag und durch die Notierung (Phrasierungsbezeichnung = Bogen über der Phrase) zum Ausdruck gebracht wird

piacevole angenehm, freundlich

piano leise, sanft (Abk.: p); **pianissimo** sehr leise (Abk.: pp, auch ppp); **mezzopiano** ziemlich leise (Abk.: mp); **fortepiano** stark und gleich wieder leise (Abk.: fp)

Pianoforte Anderer Ausdruck für Klavier

Piccolo Kleine Flöte, die eine Oktave höher steht als die große Flöte

più mehr, più forte = stärker, più allegro = schneller usw.

pizzicato gezupft, gezwickt, gerissen; manche Saiteninstrumente, wie Harfe, Laute, Gitarre usw. werden nicht mit einem Bogen gestrichen, sondern mit der Hand gerissen, auch Streichinstrumente (Geige, Cello usw.) werden für besondere Effekte stellenweise ‹gezupft›; Johann Strauß hat 2 ‹Pizzicato-Polkas› komponiert, die durchwegs vom ganzen Orchester gezupft werden

Plagalschluß Schluß von der Subdominante zur Tonika, im Gegensatz zum authentischen Schluß (Dominante-Tonika); der Name rührt von den Plagaltönen (Kirchentönen) her

Plektrum auch ‹Plektron›; Stäbchen aus Schildpatt, Elfenbein oder Metall, mit dem die Saiten der Mandoline, der Zither und gelegentlich der Harfe gerissen werden

poco, pochettino ein wenig, ein klein wenig; poco lento = nicht sehr langsam; poco a poco = nach und nach

Polonaise Langsamer, feierlicher Schreittanz aus Polen; wurde für Konzertstücke verwendet (Chopin, Liszt u. a.)

polyphon	vielstimmig
Posaune	Blechblasinstrument
Potpourri	Bunte Zusammenstellung verschiedener Melodien und Musikstücke
Präludium, Prélude	Vorspiel, Einleitung; Bach: «48 Präludien und Fugen», Chopin: «24 Préludes» u.a. sind jedoch selbständige Stücke
presto	sehr schnelles Tempo
primo	das erste; tempo primo = das erste Tempo (zu Beginn des Stückes)
Programmusik	Musik, die neben dem musikalischen auch literarischen Inhalt hat
Prolog	Vorrede; zur Einführung einer Oper und anderer Musikwerke gesungenes Solo
Psalm	Name der Lobgesänge Davids und anderer Psalmisten, die aus der jüdischen Religion in den christlichen Kult übernommen wurden; Psalmen wurden von vielen Komponisten vertont – di Lasso, Palestrina, Bach, Händel, Haydn, Mozart, Schubert und vielen anderen
Quarte	Intervall zwischen dem 1. und 4. Ton einer Tonleiter (s. Bemerkung bei Intervall)
Quartett	Komposition für vier Instrumente oder vier Singstimmen
quasi	so wie, gleich wie, gleichsam; andante quasi allegretto = andante, beinahe allegretto
Quinte	Intervall zwischen dem 1. und 5. Ton einer Tonleiter (s. Bemerkung bei Intervall)
Quintett	Komposition für fünf Instrumente oder fünf Singstimmen

rallentando langsamer werdend

Register Eine vollständige Pfeifenreihe (Stimme) in der Orgel; übertragen auf die menschliche Stimme: 1. Bruststimme und Kopfstimme, 2. Stimmlagen: hoch, mittel, tief, also Sopran, Mezzosopran, Alt, Tenor, Bariton, Baß

Reprise In Fuge und Sonate die Wiederholung der Themen in der früheren Form nach einer Durchführung

Requiem Totenmesse

Rezitativ Sprechgesang in der Oper oder im Oratorium

Rhapsodie Aus folkloristischen Motiven zusammengestelltes Instrumentalstück

Rhythmus Ein Grundelement der Musik neben der Harmonik und der Melodik

ripieno Kommt in alten Partituren vor und bedeutet das Einsetzen aller Orchesterinstrumente nach einem Solo, entspricht dem jetzt gebräuchlichen ‹tutti›

risoluto entschlossen, bestimmt

ritardando langsamer werdend

Ritornell In alter Musik (Madrigalen) verwendeter Ausdruck, der Wiederkehr, Wiederholung bedeutet

Rohrblatt Die ‹Zunge› bei den Holzblasinstrumenten

Romantik Periode in der Musikgeschichte des 19. Jh.

Romanze Musikstück gefühlvollen, pathetischen Inhalts

Rondo Musikstück mit immer wiederkehrendem Hauptthema

rubato Wörtlich: geraubt; tempo rubato ist die Vortragsbezeichnung für ein freies Tempo, besonders an leidenschaftlichen Stellen; auch ohne die Vortragsbezeichnung machen solistische Interpreten ein «rubato», wenn es ihnen gefühlsmäßig richtig erscheint

Saxhorn Nach dem Erfinder Sax benanntes Blechblasinstrument

Saxophon Ebenfalls von Sax erfundenes Blechblasinstrument in verschiedenen Größen (Altsaxophon, Tenorsaxophon), das vor allem im Jazz eine wichtige Rolle spielt

Schalmei Hirtenflöte, Holzblasinstrument

Schlag Taktschlag

Schlaginstrumente, Schlagzeug Gruppe der Instrumente im Orchester, die weder gestrichen noch geblasen, sondern geschlagen werden, wie Pauken, Trommeln usw.

Schusterfleck Spottname (Flickarbeit), wenn die mehrmalige Wiederholung eines Motivs von verschiedenen Tonstufen aus als modulatorische Zusammenhangslosigkeit erscheint

semplice einfach

sempre immer; z.B. sempre legato, sempre allegro usw.

Septett Komposition für sieben Instrumente oder sieben Singstimmen

Septime Intervall zwischen dem 1. und 7. Ton einer Tonleiter (s. Bemerkung bei Intervall)

Serenade	Abendmusik, Ständchen
Sequenz	1. Mittelalterliche Kompositionsform; 2. kompositionstechnisches Hilfsmittel: das mehrfach unmittelbar aufeinanderfolgende Höher- oder Tiefersetzen einer kleinen Phrase oder Melodie, die dadurch in verschiedene Tonarten gelangt
Sextett	Komposition für sechs Instrumente oder sechs Singstimmen
Sexte	Intervall zwiwchen dem 1. und 6. Ton einer Tonleiter (s. Bemerkung bei Intervall)
Skala	s. Tonleiter
Solfeggio, Solfège	Musikalische Leseübung, Gesangsübung zur Ausbildung des Gehörs und der Treffsicherheit
Sonate	Instrumentales Tonstück in einer bestimmten Form
Sonatenform	Form des (zumeist ersten) Satzes einer Sonate oder Symphonie; eines mehrsätzigen Werks
Sonatine	Kleine Sonate
Sopran	Die höchste menschliche Stimme
Sordine	s. Dämpfer
sostenuto	gehalten
sottovoce	mit gedämpfter, leiser Stimme
spiccato	Violintechnik: mit dem ‹Springbogen›, ähnlich wie staccato
Stakkato, staccato	‹abgestoßene› Spielweise bei jedem Instrument, die Töne werden nur angespielt; auch beim Gesang macht die Stimme staccati; das musikalische Zeichen für ‹staccato› ist ein über der Note stehender Punkt

Stimme	1. die menschliche Stimme; 2. instrumentale Stimme in einem Ensemble und Orchester; 3. musikalische Themen, die man als ‹Stimmen› bezeichnet, wie z. B. in der Fuge
Streichinstrument	Instrument, das mit Saiten bespannt ist, die mit einem Bogen gestrichen werden
strepitoso	lärmend, kraftvoll
stretto, Stretta	gedrängt; Engführung, s. d.
stringendo	allmählich schneller werdend, beschleunigend
Subdominante	(Unterdominante); die vierte Stufe der Tonleiter
subito	plötzlich; subito piano = plötzlich leise usw.
Suite	Zu einem Werk zusammengefaßte Folge einzelner Musikstücke
Symphonie	Großes Orchesterwerk in mehreren Sätzen
Symphonie-Orchester	bestimmte Instrumente umfassendes Orchester
Symphonische Dichtung	Orchesterwerk mit literarischem Inhalt (Programmusik, Tonmalerei)
Synkopen	Akzentverschiebung; anstelle des naturbetonten, starken Taktteils wird der leichte (schwache) Taktteil betont, wodurch Takt und Rhythmus aufgelockert werden
Takt	Zähleinheit zur Bezeichnung der metrischen Verhältnisse in der Musik
Taktvorzeichnung	Der zweizählige, gerade Takt: 2/2, 2/4, 2/8 und 6/8 (2 × 3) Takt, ferner der dreizählige, ungerade Takt: 3/4, 3/2 und 9/8 Takt

	sind die gebräuchlichsten Taktarten; theoretisch kann man jeden Taktwert mit jedem Nenner verbinden, es gibt also auch 5/8 oder 7/8 usw. in einem Takt
Tambourin	Handtrommel mit Schellen, baskische Trommel; oft von den Tänzern selbst als Begleitung ihrer Tänze benutzt
Tamtam	s. Gong
tanto	viel, sehr
Tarantella	Neapolitanischer Tanz
Tastatur	Klaviatur, s.d.
Temperatur, temperiert	Fachausdruck für die akustische – gegenüber der mathematischen – Reinheit; unser heutiges Musiksystem beruht auf der sogenannten ‹Gleichschwebenden Temperatur› mit ihrer Aufteilung des Oktavenraums in 12 gleiche Tonabstände. Das erste bedeutende Werk in diesem System war Bachs ‹Das wohltemperierte Klavier›
tempestuoso	stürmisch
Tempo	Zeitmaß; a tempo = im ersten Tempo (nach Beschleunigung oder Verlangsamung)
Tenor	Die höchste Männerstimme
Terz	Intervall zwischen dem 1. und 3. Ton einer Tonleiter (s. Bemerkung bei Intervall)
Terzett	Dreistimmiger Gesang
Thema	Musikalischer Gedanke, zusammengesetzt aus Motiven
Toccata	Ursprünglich freie Improvisation auf einem Tasteninstrument; jetzt meistens brillantes, virtuoses Musikstück

Tonalität Begriff, der die Zugehörigkeit eines Musikstücks zu einer Tonart des traditionellen, tonalen Systems bezeichnet

Tonart Gemäß dem Tongeschlecht (Dur oder Moll) und dem Grundton einer Tonleiter bestimmte, ein Musikwerk charakterisierende Tonordnung: z.B. Bach, Brandenburgisches Konzert No. 4 in *G-Dur;* Beethoven, 9. Symphonie in *d-Moll*

Tonika Grundton einer Tonart und der auf ihm errichtete Dreiklang

Tonleiter auch Skala; von einem beliebigen Grundton aus nach festgelegten Regeln in bestimmten Stufen (Intervallen) fortschreitende Reihe von Tönen, im traditionellen abendländischen Musiksystem die sogen. diatonischen Dur- und Moll-Tonleitern mit je 7 Tönen; s.a. Chromatische T., Ganzt., Pentatonische T.

Tonmalerei Musikalische Darstellung von Naturgeräuschen (z. B. Brandung, Donner), Stimmungen oder Gefühlen

tranquillo ruhig

Transposition Das Versetzen eines Musikstückes in eine andere als die vorgezeichnete Tonart

Transskription Übertragung eines Musikstücks in eine andere Ausführungsform oder eine andere Besetzung

Tremolo Beben, Zittern; wirksamer Effekt durch sehr schnelle Wiederholung eines Tones oder Akkords bei Streichinstrumenten oder auf dem Klavier

Triangel	Schlaginstrument; zum Dreieck gebogener Stahlstab, an einem Faden aufgehängt; wird mit einem Stahlstab angeschlagen
Triller	Häufigste Verzierung in allen Musikstilen: der rasche Wechsel zwischen zwei nebeneinanderliegenden Noten
Trio	Musikstück für drei Instrumente
Triole	Rhythmische Figur, bei der ein Notenwert in drei anstatt in zwei gleiche Teile geteilt wird
Tripeltakt	dreiteiliger Takt
Trompete	Blechblasinstrument
troppo	zuviel; allegro ma non troppo = lebhaft, aber nicht zu lebhaft
Tuba	Tiefes Blechblasinstrument
tutti	In der Orchesterpartitur angegebene Bezeichnung für den Einsatz aller Stimmen

Variation	Veränderung oder Verwandlung eines musikalischen Themas, bei welcher dieses aber noch kenntlich bleiben muß
veloce	rasch, geläufig
velocissimo	sehr schnell
vibrato	Schwingen, Beben; Vortragsart, besonders bei Streichinstrumenten, aber auch bei Blasinstrumenten und Gesang
Viola	s. Bratsche
Viola da Gamba	Gambe, Vorläufer des Violoncello
Violine	s. Geige
Violoncello	s. Cello

Virtuose	Meister der Technik eines bestimmten Instruments oder des Gesangs; ausübender Künstler
vivace	lebhaft
Vorschlag	s. Appoggiatura
Walzer	Tanz im 3/4 Takt; Konzertwalzer und Gesellschaftstanz
Xylophon	Schlaginstrument aus Holzbrettchen, die quer auf einer Unterlage aufgelegt sind und mit Klöppeln geschlagen werden